평신도 교육교재

교회행정학

평신도 교육교재

교회행정학

초판 발행 · 1980년 6월 20일
재판 인쇄 · 1999년 4월 10일
개정판 2쇄 · 2023년 8월 4일

발행 · 대한예수교장로회총회
편집 · 대한예수교장로회총회 교육부
제작 · 대한예수교장로회총회 출판부

주소 · 06177 서울 강남구 영동대로 330
전화 · (02)559-5633(교육국) (02)559-5655(출판국)
팩스 · (02)539-0203(교육국) (02)6940-9384(출판국)
인터넷서점 · www.holyonebook.com
출판등록 · 제1977-000003호

※ 책값은 뒤표지에 있습니다.

평신도 교육교재

교회행정학

성경통신대학 입학 안내

총회에서 운영하는 평신도 교육프로그램입니다.

특 전 : ① 장로고시 응시자격 부여
② 장로고시 때 성경시험 면제(수료증서 노회에 제출)
과 목 : ① 성경열람문제집(구약부, 신약부) ② 일반과목문제집
③ 헌법 ④ 표준예식서 ⑤ 성경개론 ⑥ 기초교리학
⑦ 교회사 ⑧ 교회행정학 ⑨ 예배학 ⑩ 청지기론
입학자격 : 본 교단 모든 성도
입학시기 : 수시 가능
입학방법 : ① 입학원서와 등본1부를 총회성경통신대학으로 보내주세요.
② 등록비 및 교재비(55,000원)를 계좌로 보내주세요.
국민은행 350-01-0025-319(대한예수교장로회총회)
문 의 : 상세한 내용은 성경통신대학으로 문의하시기 바랍니다.
(성경통신대학 담당자 ☎ 559-5633)

평신도 교육교재 사용 안내

본 교재는 성경뿐 아니라 다양한 기독교 학문을 깊이 있게 다루어 신앙의 기초를 든든히 세워주는 평신도 교육교재입니다. 교회의 성경대학 프로그램이나 제자훈련 교재, 소모임 교육교재, 셀리더 교재 등 다양하게 활용할 수 있습니다.

또한, 장로, 집사, 권사, 교사 등 교회 직분자뿐만 아니라 성경공부를 하고 싶은 모든 성도들에게 적극 추천합니다.

머리말

"모든 성경은 하나님의 감동으로 된 것으로 교훈과 책망과 바르게 함과 의로 교육하기에 유익하니 이는 하나님의 사람으로 온전하게 하며 모든 선한 일을 행할 능력을 갖추게 하려 함이라"(딤후 3:16~17)

금번 발행하는 "평신도를 위한 성경공부교재"는 오래 전부터 현재까지 총회 성경통신대학에서 교재로 사용되고 있는 도서를 일반 성도들에게도 쉽게 보급하고자 출간하게 되었습니다. 성경교육의 역사가 곧 기독교의 역사라고 해도 될 만큼 말씀을 가르치고 배우는 평신도교육이 중요한 것이 사실입니다. 이러한 평신도 교육의 중요성을 알고 총회 차원에서 8개 과목(성경개론, 기초교리학, 교회사, 교회행정학, 예배학, 청지기론, 표준예식서, 헌법)으로 성경통신대학을 개설하여 장로 및 교회 직분자와 주일학교 교사 교육에 귀한 도구로 쓰임 받아 왔습니다. 이러한 때에 성경본문을 개역한글판에서 개역개정판으로 수정하고 오탈자를 바로잡아 평신도 교육교재로 새롭게 출간하게 되었습니다.

성경공부를 하고 싶은 성도라면 누구나 스스로 공부할 수 있는 기회를 만들어주는 것이 본 교재의 취지이며 그동안 성경통신대학 입학자들이 사용하는 교재를 평신도 교육교재로 확대 개편하여 출간하게 됨을 진심으로 기쁘게 생각합니다. 총회교육부가 운영하는 성경통신대학에 입학하여 성경통신대학 과정을 밟으셔도 좋고, 입학하지 않고 개인이나 소모임에서 교재를 별도 구입하여 스스로 공부를 하셔도 좋은 귀한 평신도 교육교재가 되리라 믿습니다. 이 교재를 사용하시는 모든 분이 하나님의 말씀과 교리를 체계 있게 공부함으로 개혁주의 신학과 신앙에 기초한 구원의 확신을 가지고, 은혜와 진리가 충만하여 이웃과 교회를 든든히 세우는 일에 더욱 크게 쓰임 받으시기를 간절히 바랍니다.

대한예수교장로회 교육부장

차례

제1장 교육 행정의 소개
　1. 행정의 중요성 • 10
　2. 행정이론 • 15
　3. 일반적 행정운용 • 17
　4. 행정의 전형적인 문제점 • 19

제2장 조직
　1. 조직의 정의 • 22
　2. 기성교회 조직의 분석 • 23
　3. 인원을 집단화하는 보편적 방법 • 27
　4. 조직화의 규칙 • 28
　5. 통솔 범위 • 30
　6. 요약 • 32

제3장 기획
　1. 기획의 정의 • 35
　2. 기획의 중요성 • 35
　3. 기획의 기능 • 36
　4. 기획의 수준 • 39
　5. 기획의 형태 • 42
　6. 기획의 요소 • 47

7. 기획에서 행정가의 역할 • 48
8. 요약 • 50

제4장 행정 위임
1. 행정 위임에 대한 소개 • 53
2. 위임 가능한 의사결정 • 56
3. 포함된 위험성 • 58
4. 위임 훈련 • 59
5. 실수 예방책 • 63
6. 위원회에 대한 책임의 위임 • 66
7. 요약 • 69

제5장 리더십(1)
1. 인원 선발 • 71
2. 선발을 위한 배경 • 72
3. 선발 작업의 책임자 • 72
4. 교회 지도자 선발기준 • 73
5. 직무 기술서 • 76
6. 리더십의 자료 • 77
7. 지도자의 발굴 • 81
8. 새로운 지도자의 취임 • 84

제6장　리더십(2)
    1. 훈련 및 확보 • 86
    2. 리더십 훈련의 필요성 • 87
    3. 지도자 훈련 방법 • 88
    4. 교회 지도자 확보 • 94
    5. 리더십 능력평가 • 97
    6. 요약 • 101

제7장　조정
    1. 조정에 대한 소개 • 103
    2. 조정의 수직적 측면 • 104
    3. 조정의 수평적 측면 • 105
    4. 안정된 조정 방법 • 107
    5. 사기와 조정의 관련성 • 113
    6. 효과적인 의사소통 • 114
    7. 요약 • 117

제8장   통제
   1. 통제에 대하여 • 118
   2. 통제의 특수한 기능 • 119
   3. 통제의 운용적 특성 • 121
   4. 행정가의 통제적 역할 • 123
   5. 통제 기술 • 124
   6. 과다통제와 과소통제 • 127
   7. 요약 • 128

제9장   행정기술의 실제
   1. 일반목적과 특수목적의 관계 • 130
   2. 교회 대학부 교수 및 조직목표 • 137
   3. 교과과정 선택의 기준 • 138
   4. 교회 교육 위원회의 규칙과 정책 • 140
   5. 교회학교 직원 직무분석 • 142
   6. 직원모집 절차에 사용되는 양식 • 144
   7. 통제수단으로서의 연례보고 • 145
   8. 결석자 조사 양식 • 147

제1장
교육 행정의 소개

1. 행정의 중요성

확장된 교육 프로그램의 필요성

교회가 생존하려면 광범위하고 지속적이며 확장된 교과과정이 각 지방 교회 프로그램의 통합적 부분이 되어야 한다. 특히 형성기에 있는 젊은이를 대상으로 한 종전의 교육은 기독교적인 신앙과 원리 면에서 더 향상되어야 한다. 큰 교회의 교육 프로그램에 대한 사고(思考)는 성직자와 평신도들에게 경종을 울리기 시작했다. 인원 문제와 교회 프로그램의 지속적인 성장은 필연적인 것 같다. 따라서 행정 기술에 있어서 새로운 지식의 필요성은 너무나 명백하다.

기독교 교육 프로그램은 통상 교회활동의 절반 이상을 차지한다. 오늘날 전형적인 동태적 교회들은, 예를 들어 교회학교, 청년그룹,

방학성경학교, 하계 청년캠프대회, 실무자 회의, 휴가기간 교육, 중등부, 소년소녀 클럽, 연장학기, 스카우트 등을 후원한다. 지금에 와서는 완벽한 기독교 교육이 절실하게 요구되고 있기 때문이다. 교회는 청년과 장년을 위한 프로그램을 세밀히 고려해야만 한다. 로마 가톨릭 교회와 유대회당에서는 수년간 특히 그들의 젊은이들에게 그런 프로그램을 성공적으로 제공했다. 교육 프로그램이 현재 제공되는 것보다 훨씬 능가하도록 신교의 유산을 확장시키기를 주장하는 교회들의 때가 온 것이다. 결정적이고도 체계화된 프로그램이 오늘날 필요하다.

과거의 기독교 교육 프로그램에 대한 비평은 약한 행정, 얕은 교과과정, 부정확한 기재, 비효과적인 교수법 등을 지적했음에도 불구하고 청장년 숫자의 증가는 확실하였다. 교회의 교육적 무장이 '믿음 가족'을 형성하고 힘을 주는 데 강력한 수단이 되어왔다는 것은 역사가 입증해준다. 프로그램에서 믿음이 후퇴할 때마다 교회는 불규칙적이거나 기울기 시작했다.

명백히 기독교 교육 프로그램은 단독으로 운영될 수 없다. 이를 적절히 집행할 책임 있는 사람이 되어야 한다. 교회사업은 반드시 '적절하고 질서 있게' 추진되어야 하는데 행정적 방법에 대한 지식이 없을 때 결과는 비능률적인 것이 되고 만다. 행정가는 방대한 교육 프로그램을 지시할 때 문자 그대로 수백 가지의 세부사항을 처리해야 한다. 계획이 작성되어야 하고, 정책이 형성되어야 하며, 이들은 반드시 조심스럽게 집행되어야 하고, 정보는 계획과 정책이 성공적일 수 있는 범위까지 충분히 수집되어서 미리 정책과 결정이 현실성 있는 목표를 제시할 수 있도록 해야 한다. 본질적으로 광범위한 계획이 효과적인 행정을 초래한다.

교육 및 행정과 교회와의 관계

교육과 이에 수반되는 행정기술은 교회에 어떤 관련을 가지는가? 이 질문에 대한 해답을 위해서는 먼저 그리스도의 몸인 교회의 본질을 이해해야 한다.

사도 바울은 교회를 유형적인 것과 무형적인 것 모두 하나의 유기체와 지방적인 모임으로 언급하고 있다(엡 1:22~23, 고전 1:2). 그는 참되고 무형적인 교회는 그리스도 안에서 언제 어디서든지 하나님의 구원의 은혜를 받아들이고 함께 나눌 수 있는 신자들로 구성된 것이라는 사실을 깨달았다. 유형교회는 교회가 되기 위한 임무를 수행하는 만큼, 주의 뜻의 표현이며, 구주 안에서 그의 뜻과 목적과 존재가 발견될 수 있는 무형교회와 공존한다. 따라서 지상의 교회는 구속받은 자들의 모임이다.

교회는 성도를 양육하며 사랑 안에서 이들을 가르치고 하나님께 경배한다. 교회는 또 인간을 위한 하나님의 사랑에 대한 말과 행동을 통한 증인들인 구속받은 공동체이다. 이는 또한 하나님이 전세계에 복음 전파를 위해서 사용하는 도구이다. 이런 선교와 임무 때문에 하나님은 그의 교회가 영적 고갈 상태나 무용지물이 되도록 방치하지 않으신다. 차라리 그는 교회의 성장과 발전을 위해 필요한 것을 채워주신다. 교회가 그의 거룩한 부름에 따르기 위해 설교와 가르침과 복음화, 그리고 기타 영적 선물들을 주셨다(엡 4:11, 고전 12:28).

우리는 여기서 가르침이나 교육적 선교는 그리스도 안에서 그 임무를 수행하게 하기 위하여 영적 선물의 형태로 성령에 의해서 교회에 주어진 것으로 볼 수 있다. 따라서 교회는 머리 되신 그리스도의 보조기관이다. 또 교육적 선교는 교회의 보조적 및 부분적인 사항이다. 이렇게 볼 때 교육과 이에 수반되는 행정적 제도 및 방법들은 그 자체가 목적이 될 수 없다. 이들은 하나님이 그의 교회에 지정하신 목표에 대한 수단에 지나지 않는다. 가르침과 그 외의 선물들은 교회 봉사를 목적하는 것이며 그리스도를 봉사하게 하기 위함이다.

그러므로 교회교육은 그리스도께 봉사하기 위해 존재하며, 행정 기타의 방법을 통해서 리더십을 함양하고, 제도적인 장치를 제공하며, 교사를 양성하고, 효과적인 배움을 위해 가장 도움이 되는 분위기를 조성해 나간다.

효율적인 행정은 학생을 진실로 교육할 수 있는 교과과정의 개발에 공헌할 수 있다. 한편 능률적인 행정은 학생을 속일 가능성도 있다. 또 기동적, 정신적 프로그램을 박탈할 수도 있다.

목회자를 위해서 교회로부터 행정책임을 폐지하기를 더 좋아하는 사람들도 있다. 그들은 그가 행정사항에 대해서 소비한 방대한 시간을 지적한다. 그의 곤경에 대해서 맥캔(Mccann)은 『교회와 정신건강』(The Churches and Mental Health)이란 그의 저서에서 다음과 같이 밝히고 있다.

"한 사람의 성직자가 있는 교구에서 목회자는 일종의 '일반관리자'인 것같이 보이나 실제로 전문가 위원회가 될 것이 요구된다. 여섯 가지 중심적 역할, 즉 행정가, 조직가, 목사, 전도자, 제사장, 선생의 역할 중 어느 하나에 결핍이 있으면 그의 일반적인 효과를 감소킬 가능성이 있는 것이다.

목회자는 행정가로서 교회의 재정계획을 감독해야 하고 부서별 사업을 조정해야 한다. 조직가로서는 종파 내 및 범종파적인 활동과 공동사회문제에 능동적으로 참여해야 한다. 목사로서는 성도들과 개개인의 상호관계를 유지해야 한다. 제사장으로서는 성례의 집행, 결혼식 주례, 장례 주도, 기타 의식집행과 예배인도이다. 전도자로서는 지역민들에게 안내자와 감동을 주는 자가 되기를 노력해야 한다. 선생으로서는 교회의 교육프로그램을 지시하고 그 외의 분야들을 가르친다."

맥캔은 또 일반적인 목회자는 그의 시간의 50%를 조직 및 행정적인 임무에 사용한다고 말하고 이들 시간의 대부분은 교회 교육계획과 관련되어 있다고 했다.

일반적으로 교회행정을 무능화시키는 3가지 부류의 사람들이 있다. 첫째, 교회 프로그램의 규모를 모르는 사람들, 둘째, 규모는 알고 있으나, 수백 명의 활동을 동시에 지시 및 조정하는 기술이 없는 사람들, 셋째, 자기 교회의 비능률적인 행정이 몸에 체질화되어 다른 교회도 똑같이 형편없는 행정으로 생각하고 보편화하는 사람들이다.

이런 종류의 근본적인 후퇴의 걸음을 걷는 대신에. 교회교육을 책임지고 있는 목회자와 계획자들은 추가적인 정보를 얻어내야 하며 기술을 개발하고, 행정기술도 향상시켜서 다른 사람들이 행정과업을 효과적으로 이룰 수 있도록 훈련시켜 나가야 한다. 따라서 더 좋은 행정은 시간의 필요이지 폐지가 아니다.

2. 행정이론

개선된 행정이론의 기본개념

우리 교회의 행정기술 향상을 위하여는 특별한 고려사항이 제안되어야 한다. 다음 장에서 설명될 방법론적 원리의 본질은 다음과 같다.

1) 구성원이 조직보다 더욱 중요하다

이 내용은 서구 문화에서 파생된 민주적인 원리일 뿐 아니라 성경에서 나온 것이기도 하다. 우리 주님께는 조직화된 유형의 교회보다 개인이 더욱 중요한 것이다. 오늘날 교회는 외부적인 유형교회보다 개인을 더욱 중시해야 하며 말씀의 진정한 능률을 위해서 개인을 희생시켜서는 결코 안 된다는 뜻이다.

2) 그리스도의 지체인 각 개인은 수행해야 할 기능과 업무를 지니고 있다

고린도전서 12장에서 바울은, 지체된 성도들은 상호 의존적이며 적절한 기능을 위해 중요하다는 사실을 명백히 지시하고 있다. 따라서 행정가는 각 교인들이 교회 내에서 봉사할 수 있는 자리를 식별해서 효과성과 선교를 증가시켜 나가야 할 책임이 있다.

3) 교회 지도자의 궁극 목표는 섬김을 받는 것이 아니라 섬기는 것이다

그리스도는 교회에서 지도력을 행사하는 모든 사람에게 본을 보여 주셨다. 마태복음 20장 27~28절에서 "너희 중에 누구든지 으뜸이 되고자 하는 자는 너희의 종이 되어야 하리라 인자가 온 것은 섬김을

받으려 함이 아니라 도리어 섬기려 하고 자기 목숨을 많은 사람의 대속물로 주려함이니라"고 말씀하셨다. 그리스도 자신이 이 원리를 가르쳤을 뿐 아니라 실제로 그의 생애와 선교를 통해서 본을 보여주셨다. 바울 자신도 예수 그리스도의 종이라고 했다(롬 1:1). 또 고린도교회의 종이라고 했다(고후 4:5). 따라서 기독교 지도자는 집권자로서가 아니라 종으로서의 자신을 나타내야 한다.

4) 지도자는 프로그램을 지시하는 책임자여야 한다

지도자는 봉사의 태도를 취해야 하며 그에게 부여된 인원의 활동을 지시 및 감독할 책임이 있다. 그리스도께서도 봉사하셨고, 교훈을 주셨으며, 또 제자들에게 세계를 복음화하라는 명령과 함께 보내셨다. 행정과 감독은 그리스도의 사역에서 안내와 유도와 타인에게 도움을 주는 문제로 된다. 이것은 프로그램의 유도로 권위주의와 독재적인 방법에 의하기보다는 오히려 기획과 교육적인 감독수단을 통해서 해야 할 것이다.

5) 기본적으로 조직은 명확하게 정의되었다

바울은 교회 내에는 일반적 임무수행을 위해서 임명된 직원들이 있다고 말한다. 사도, 예언자, 전도자뿐 아니라 목사와 집사 등으로 각기 특수한 사업을 위해 나누어져 있다. 모든 일이 명백하고도 질서 있게 이루어졌다(고전 14:40). 그러나 모든 세부사항이 신약에 제공된 것은 아니다. 예를 들면, 주일학교 교사나 피아니스트, 버스 운전기사 등에 관한 지시는 없다. 따라서 활동이 질서 있고 명확하게 되기 위해서는 어떤 형태의 조직이 필요하다.

6) 교회 내의 모든 사람들이 중요하다

우리는 필요에 따라 조직 내의 어떤 직위는 더 높다 또는 더 낮다는 말을 하게 된다. 이것은 하나님이 보실 때 한 사업이나 직위가 다른 것보다 더욱 중요하다는 뜻은 아니다. 그러나 성경은 다양한 의무들을 명확히 구분하고 있다. 예를 들어 모세의 장인 이드로는 작은 일과 큰 일을 구분하고 모세는 큰 일만 담당하게 한 일(출 18:22)이 있다. 나아가 사도들도 의무의 경중을 구분했다(행 6:1~4). 따라서 행정업무도 구분할 필요가 있다. 그러나 최종분석에서 주어진 직위나 조직에서 보이는 관점에 있는 것이 아니라는 것을 기억해야 한다.

3. 일반적 행정운용

행정원리의 일반적 체제는 행정가들이 수년간에 걸쳐서 개발해왔다. 목사와 교사들은 이 분야에서 성경의 관점과 일치하는 행정방법을 채택해야 할 것이다. 사람들은 노력과 실패를 통해서 자신의 원리를 개발할 수 있을 것이다. 과거에 많은 사람들이 이를 시도했으나 장기간의 시간 소비와 어려움을 겪었다. 다른 사람이 경험을 통해서 개발해낸 조직과 행정원리를 이용하는 것은 유익한 일이다. 더욱이 우리가 말하는 원리들은 상업, 군사, 그리고 교회적인 내용들을 포함하는 넓은 영역의 것이다.

때때로 독자들이 발견하는 학문적인 가설(假說) 또는 이론이라는 행정원리는 대부분 성공적인 조직에 추종되는 운용의 형태를 이룬다. 이 형태는 따라야 할 일반법칙들로 세분된다.

피프너(Pfiffner), 티드(Tead), 어윅(Urwick) 등이 개발한 행정가의 집행의무를 안내해온 일반법칙들의 세부적인 운영개념은 다음과 같다.

1) 기획(企劃)

기획의 전체적인 과정 중에서 가장 결정적인 단계는 정책형성이다. 여기서의 주제는 조직이 확장됨에 따라 행정가에게 가중되는 내용이 된다.

2) 조직화(組織化)

인력배치를 어떻게 해야 그들이 서로 다른 업무지만 적절히 관련되고, 또 책임자를 이해하며, 상호 협력을 유지할 수 있을 것인가? 이것이 조직의 임무이다.

3) 위임(委任)

가장 중요한 행정행위의 하나는 위임이다. 어느 지도자나 행정가도 모든 것을 다 할 수 없다, 그는 자기 일을 타인에게 위임하는 방법을 배워야 하며, 그들이 의무를 만족스럽게 수행하도록 해야 할 것이다.

4) 인사(人事)

오늘날 교회에서 가장 어려운 행정임무는 아마도 기독교 교육 프로그램에서 가장 중요한 영역인 리더십의 책임을 수락할 인원을 설득시키는 일이다. 프로그램을 위해서 지도자의 모집, 준비, 보유는 인사(人事)의 개념에 포함되는 절차이다.

5) 조정(調整)

이것은 교회 내의 인원을 효과적으로 배치하는 일이다. 이것은 인원이 해당 업무를 효율적으로 수행할 수 있도록 활동을 조정하는 문제이다. 숙련된 운영을 위해서 행정가에게 유용하고도 다양한 방식이다.

6) 통제(統制)

어떤 행정가는 이 행정개념을 보고(報告)와 예산(豫算)의 두 측면으로 구분하려고 한다. 그러나 여기서는 두 측면 이상의 더욱 포괄적인 뜻으로 사용하겠다. '통제'에서 기본적인 관념은 계획이 적절히 수행되도록 하기 위한 지속적인 평가 또는 점검이다.

4. 행정의 전형적인 문제점

일반적인 문제들

"기독교교육에서 행정가와 관련된 반복되는 문제는 무엇인가?" 하는 질문은 곧 프로그램이 성공적으로 이루어지려면 지속적인 행정원리의 응용은 무엇인가 하는 내용과 동일하다. 다음 항목은 이들 운영의 암시적인 것들이다. 즉, 예산편성, 통상위원회에서 통과된 지출에 대한 감독, 지도자의 업무평가, 회원에게 프로그램 정보를 계속 인식시킴, 적절한 기록체제 구비, 방문계획 유도, 조직도표 작성, 정책 형성, 세부계획과 특수사업 수행 협조 등인데 간단히 말해서 교회 선교에 기본적이고 결정적인 공헌이 되는 리더십의 포괄적인 형태를 제공하는 것이다.

민주행정이냐 독재냐

교회가 직면하고 있는 가장 중요한 문제는 민주적 행정과정이냐 독재냐 하는 문제이다. 민주적인 절차가 교회에 가장 적합한 것으로 믿는데 그 이유는 이 방법이 기독교의 입장을 더욱 적절하게 반영할 뿐 아니라 이들의 주요 개념들, 즉 '개인의 존엄성과 중요', '모든 인간의 평등성' 등이 민주행정이론의 통합적 부분들이기 때문이다. 민주적 행정은 인원과 과정이 상호 연결되어 있지만 과정보다는 인원에 중요한 초점이 둔다. 이들의 비능률과 비지속성이 어떠하든 관계없이 행정절차는 인원을 떠나서 존재할 수 없으며, 조직 속의 인원은 어떤 종류의 행정절차가 없이는 운영될 수 없다.

티드(Tead)는 물질적인 것과 과정을 위한 전문적인 관심과, 인원과 인간관계를 위한 관심이 반드시 있어야 한다고 했다. 인원과 과정 모두에 대한 이 관심은 민주적 형태로부터의 새로운 변화를 말한다.

피프너(Pfiffner)와 서우드(Sherwood)는 민주적인 접근이 우리 조직의 일반적 형태에 적합한가 하는 것은 현재 의문점이 있다고 말했다. 이런 결과로 행정이론은 지금 중립지역을 향하고 있는데 이를 때로는 '실제지향적 리더십'이라고 부른다. 이 수정된 민주적 접근은 민주적 행정의 극도적 형태의 함정(기관의 목표를 무시하는 경향)을 방지하고 교회목표와 개 교인을 훨씬 더 실제적인 바탕 위에서 융합할 수 있는 가능성을 열어놓았다.

제2장

조직(組織)

인간은 사회적 존재이다. 개인은 그가 타인들의 협력 없이는 이룰 수 없는 사업과 목표들에 항상 직면하게 된다.

경영 분야에 광범위한 식견을 지닌 체스터 버나드(Chester Barnard)는 조직인 일반적인 3대 요소를 다음과 같이 말한다.

① 인원들 사이의 의사소통
② 인원으로서 봉사하고자 하는 의욕
③ 그들의 노력을 통합 및 조정하는 공통된 목적 또는 목표

버나드가 말하는 가장 단순한 조직은 두 사람이 의사소통이 이루어져서 공동목표를 향해 일하는 것이다. 조직의 영속성은 구원성이 그들의 봉사를 계속하려는 의욕에 기인된다. 따라서 이것은 조직의 목표 또는 주된 목적 내에서 그들의 믿음에 좌우된다. 그러나 희생의

정도가 만족도보다 클 때는 의욕이 상실된다.

만약 교회의 기본적인 목표가 유일하고 충분한 가치성을 부여할 수 없다면, 교인들은 역시 만족하지 못할 것이다.

우리는 교회의 유일한 목표가 무엇인가를 물어야 한다. 교회가 지속해왔고 또 여전히 지속하게 하는 목적은 무엇인가? 교회의 목표는 반드시 교회의 본질적이고 기원적인 사항이어야 한다.

교회의 근원과 기원이 우리 주님이므로 그의 목표가 교회의 목표이어야 한다. 목표는 하나님께 대한 인간의 화해이며, 하나님이 그의 아들을 통한 구속과 영생을 선물로 주신 것을 맛볼 수 있는 재결합인 것이다. 이것이 교회의 유일한 기능과 목적이다.

화해의 일은 주님에 의해서 오로지 교회에만 주어진 것이다. 사람들이 이 목표를 중요하고 정당한 것으로 생각하고, 구세주 예수 그리스도께 그들의 생명을 맡기는 한, 도출된 영적 만족은 물질적인 희생을 훨씬 능가할 수밖에 없다. 따라서 우리는 어떤 조직의 프로그램의 가장 중요한 부분은 그의 유일한 목표요 그의 주된 목적임을 잊어서는 안 된다. 만약 영적인 임무와 필요한 희생이 있어야 한다면 그 조직의 회원은 이 조직을 명백히 이해할 필요가 있다.

1. 조직의 정의

'조직'이란 용어는 행정 분야에 종사하는 사람들에 의해서 여러 가지로 사용된다.

사람들이 자신의 위치와 책임을 알고 있다면 행동을 조정할 수 있을 것이다. 그러나 훌륭한 조정을 위한 전제조건은, 조직 내에서 구성원들이 자신의 확실한 위치를 알고 있는 구조와 그들의 특수한 의무가 무엇인지를 알고 있을 경우이다.

다음은 뉴먼(Newman)의 정의를 인용한 것이다.

"사업 또는 이의 어느 부분을 조직화하는 행정절차는 첫째, 행정을 포함해서 수행되어야 할 사업을 개별적인 업무로 분할 및 집단화하고 둘째, 이 업무를 위한 개인 상호관계를 설정하고 정의(定義)를 내리는 일로 구성된다."

위의 내용으로 볼 때, 조직이란 사업의 일반적 구조를 설정하는 행정활동과 그 구조 내의 업무를 일반적인 형태에 따라서 수직적 및 수평적 상관관계로 배치하는 것을 뜻한다고 하겠다. 한편 조직이 부드럽고 효율적으로 움직이도록 말할 때는 '조정'이란 용어를 사용한다.

어떤 이는 조직에 수반되는 원리에 대한 연구는 제한된 인원을 지닌 교회에서는 무가치하다고 주장한다. 그러나 뉴먼은, 조직은 작은 일뿐만 아니라 큰 사업에 이르기까지 기본적인 것이라고 말한다. 더욱이 교회가 질서 있게 이루어지기를 훈계하시는 하나님께서 교회가 크든 작든 간에 질서 있게 잘 배치되고 또 운영에 있어서 조직적이기를 원하시지 않겠는가?

2. 기성교회 조직의 분석

교회의 조직적 구조를 발견하기 위하여 어떤 방법으로 연구하여 할 것인가? 가장 보편된 방법은 무엇보다 교회 구성에 대한 세밀한 연구이다. 교회들은 교회생활의 네 가지 영역, 즉 합법적, 재정적, 교육적, 영적인 부분의 운영을 위한 구성에 대한 집단을 식별할 수 있어야 한다. 그러나 영적 부분은 포괄성을 지니며 주변으로부터 배타적으로 해석되어서는 안 된다. 실제로 교회의 직원과 회원들은 영적 부흥을 위한 책이 있다.

교회생활의 일반적 영역에 대한 책임 있는 집단이 식별된 후에는, 통산 사무위원회, 당회, 교육위원회, 집사회 등의 집단에 대한 권한과 책임에 대한 특별한 기록이 되어 있어야 한다. 사실상 모든 위원회와 협의회 등은 이들이 영구적이든 잠정적이든 간에 이런 방법으로 이루어져야 한다.

교회 구성이 분석된 후에는, 교회 내에 존재 가능성이 있는 다른 조직, 즉 주일교회학교, 청년회 등 다른 조직의 사업과 관련된 구성기관이 이루어져야 한다.

마지막으로 모든 중요한 집단과 인원들 사이의 상관관계를 도식화해서 책임과 의사소통이 가능하게 하는 일이다.

조직의 기본 요소는 간단히 말해서, 계선의 기능, 참모의 기능, 비공식 기능, 외부와의 통신기능 등이다. 이들 세부적인 내용은 다음과 같다.

계선 기능

이 기능은 조직의 수직적 측면에서 본 이론이다. 계선상의 직위를 점한 자는 전체조직에 명령과 결정을 하고, 계획의 성공과 실패에 대한 일반적 책임이 있다. 알렌(Allen)은 "계선 관리자는 참모에 의해서 제안된 조언 및 봉사업무를 승인, 거부 또는 수정할 수 있는 권한을 지닌다"고 했다.

참모 기능

조직의 두 번째 측면은 참모 기능이다. 이들은 명령을 발하는 것이 아니라 계선기관에 단순히 조언을 제공한다. 참모는 정보의 수집과 정리에 대한 책임을 지고 또 특수한 목적을 달성하기 위한 대안을 제시한다. 한편 계선기관은 상관되는 정보를 선택하고 이를 해득하며, 제시된 대안들의 경중을 비교해서 목표를 가장 효과적으로 달성할 수 있는 안을 결정한다. 따라서 참모는 제안하고 계선은 판단하다.

알렌은 여기에 대해서 다음과 같이 언급하고 있다.

"참모는 특별히 요청이 없어도 필요하다고 생각되면 조언을 제공해야 한다. 계선이 직면하는 문제를 그는 항상 알고 있어야 하며 이를 먼저 생각하고 건설적인 대안을 작성해서 계선의 운영상의 어려움을 해결하는 데 도움을 제공해야 한다."

만약 계획이 성공적이면, 비록 참모가 그것을 개발했다고 하지만 선택에 대한 신용장은 계선이 받는다. 그러나 목적에 대한 계획이 실패한 경우에도 참모가 계획을 개발하고 권유했지만 주변 비평의 대상은 참모가 되지 않는다. 적절한 대안을 선택하고 다른 것을 거부할 수 있는 기능이 계선에 있는 만큼 어떤 실패에 대한 책임도 계선이 져야 한다.

비공식적 기능

비공식적 조직 그룹에 대해서 달톤(Dalton)은 다음과 같이 말했다.
"비공식적 활동의 목적은 주로 조직의 변화와 보존, 약한 인원의 보호, 잘못하는 사람의 책벌, 상급, 신규채용, 공식조직의 위험성 보존등이다."

인구가 급증하는 지역에 위치해서 상대적으로 교인 숫자도 증가하는 교회의 예를 들어보자. 파벌과 비공식 그룹은 이런 상황에서는 '리더십의 핵'을 형성하여 변화의 와중에서 교회를 위한 힘과 안정의 근원을 제공한다. 그러므로 행정가는 교회의 조직구조를 공식적 그룹뿐만 아니라 비공식 그룹도 연결시켜서 연구하는 편이 기본적인 사항이다. 비공식 그룹이 있는 곳에서는 계획은 건설적인 방법으로 작성되어 정신적인 일체감을 주고 또 교회의 목적 달성에 있어서 공식 그룹에 실제적으로 기여할 수 있는 방향으로 노력을 기울이도록 지도해 나가야 한다.

외부와의 통신기능

조직의 네 번째 측면은 대부분이 계선과 참모 구조의 외부에 존재하는 외부와의 통신망이다. 미국 육군에서는 검사장(Inspector General)이 임무를 맡고 있다. 육군의 최말단에 있는 인원은 상급기관의 지시사항을 받지 못할 때도 있다. 그가 최상급자와 통하려면 직접 검사장에게 가서 그의 문제점을 말할 수 있다. 검사장은 그의 불평을 해결하기 위해서 계선상의 인원 또는 장교에게 말할 수 있다.

교회적인 측면에서 본다면, 상하간의 의사소통 문제는 미 육군이나 상사(商社)와 같이 심하지는 않겠지만 목사도 충분히 노력해서 외부와의 통신망이 필요없도록 해야 할 것이다. '개방정책'은 교회의 규모에 관계없이 어느 교회에나 존재해야 한다. 따라서 교회 목사와 기타 직원들은 항상 대화에 준비를 기하고, 결코 '너무 바쁘다'는 식의 표현으로 긴급을 요하는 요구사항에 게을리해서는 안 된다.

3. 인원을 집단화하는 보편적 방법

일단 조직구조의 네 가지 측면, 즉 계선, 참모, 비공식 기능, 외부와의 통신기능을 파악한 후에는 구조 내의 인원을 분류와 집단화하는 방법들을 이해해야 한다.

역사적으로 볼 때 집단화(부서화)는 다섯가지 방법 중에 어느 하나를 택하든가 아니면 이들의 다양한 결합방식을 사용해왔다.

그중에 절차 또는 기능에 의한 분류가 있다. 절차에 의한 분류란 절차별 그룹, 성가대 지도, 활동조정 등의 목적에 따라 교사, 지도자, 조정자 등으로 분류하는 것을 말한다.

또 구성원에 따른 분류도 있다. 예를 들어 어린이국, 청년국, 장년국 등이 있다. 그 외에 또 분류하는 방법은 조직의 지리적 위치 또는 장소에 따른 것이다.

또 하나는 시간에 의한 분류 방법이다. 그룹에는 회합장소보다는 회원의 특수한 연령계층 또는 시간을 나타내는 것이 있다. 시간에 의한 분류의 예는 일일방학 성경학교, 평일 여가시간 계획 등이다.

또 한 가지 방법은 인원이 사용하는 도구 또는 기재를 기준해서 분류하는 방법이다. 이 범주에는 오르간 연주자, 서기, 전화 교환수 등이 있다.

이 모든 방법들은 운영의 통일성을 유지하기 위해서 각 조직 수준의 하나의 사무실 또는 인원 아래 들어와야 한다. 로마 가톨릭 교회에서는 이것이 교황청이며, 신교에서는 지교회 수준에서 회장, 목사 등이 될 수 있을 것이다. 각 경우에 그 속성이 어떠하든 간에 조직의 장(長)인 한 사람을 통해서 통일성을 유지한다.

때로 어떤 조직은 개인보다는 하나의 그룹을 통해서 관리의 통일성을 기하는 것으로 나타난다. 이런 경우 목적에 대한 협력, 이해, 헌신의 수준은 고도에 달해야 하며 그렇지 않을 경우 비능률과 비효과성이 초대될 것이다.

4. 조직화의 규칙

신규 조직

기관의 조직 문제는 어떻게 다룰 것인가? 새로운 조직이 이루어질 때는 위에서부터 시작할 필요가 있다. 고위층의 인원은 앞으로 될 예정인 하부의 인원들에게 계획과 지시를 제공하기 때문이다. 고위층의 충분한 리더십이 없다면 신규 조직의 완전한 운영을 위한 안전성이 결핍된다. 조직 고위층의 리더십은 계선과 참모 관계의 조직화, 기획활동, 정책결정, 미래 리더십의 유용성에 대한 결정, 그리고 현재 지도자들의 임무에 대한 정의(定義) 등을 포함한다. 그러나 만일 중요 고위직을 맡을 자격자가 없다면 대부분의 행정가들은 훌륭한 자격자가 나타날 때까지 공석으로 두는데, 그 이유는 무자격자를 보직시키면 후에 어차피 교체되어야 하며 재직 중에도 문제점을 야기시키기 때문이다.

어떤 행정가들은 기관을 조직할 때 먼저 개인의 능력과 성향을 파악하고 그 다음에 이에 상응하는 직위를 만들어낸다고 한다. 이 경우 다수의 '독특한' 업무를 만들어낼 가능성이 있으나 조직의 단순성의 원리를 파괴할 가능성도 있다. 따라서 교회의 가장 효과적인 운영을 위해 요구되는 업무를 먼저 파악하고 이 직위에 해당하는 인원을 선발하는 편이 훨씬 좋은 방법으로 통상 생각하고 있다. 따라서 인원에 변화가 있어도 직위의 형태나 숫자는 변화되지 않는다.

그러나 물론 예외는 항상 있다. 예를 들어, 아주 제한된 숫자의 지도자가 있는 조그마한 교회에서는 직위에 부분적인 변동이 있을 수 있다. 그러나 광범위하게 사용되는 원리는 직위를 사람에 따라 맞추는 것이 아니라 사람을 직위에 맞추는 것이라 할 수 있다.

기성 조직

이미 조직된 기관을 재조직하는 문제에 직면하게 되면 접근 방법도 수정되어야 한다. 귤릭(Gulick)은 다음과 같이 말했다.

"어떤 실제적인 상황에 있어서도 조직의 문제는 그 상부와 하부 모두에서 접근되어야 한다. 이는 특히 기성 조직을 재조직하는 데 있어서 그렇다. 이 경우에는 위에서 아래로 그리고 아래서 위로 조직화 또는 재조직화의 계획을 개발할 것이며, 이들 두 가지를 중간지점에서 일치시킬 것이다. 행정장(行政長) 아래서 첫 단계적 분화에 대한 기획에 있어서는 통솔범위 제한의 원칙이 반드시 적용되어야 한다. 즉, 특수화된 기능의 첫 번째 집합체를 이루기 위해서는 동질성의 원리를 반드시 적용해야 한다."

조직문제에 대해서 많이 접할수록, 이 문제에 대한 이중적 접근의 지혜를 이해하는 통찰력을 얻게 될 것이다. 그러나 명백한 것은 재조직화는 모든 수준에 있어서 감독해야 할 업무뿐만 아니라, 감독과 리더십 직위 모두에 대한 정확한 지식이 요구된다는 것이다. 그렇지 않을 경우 긴장과 오해, 때로는 조직의 와해까지 초래된다. 조직이 성공하기 위해서는 지도자와 일꾼이 동시에 요구되는 것이다.

5. 통솔 범위

교회기관을 조직 또는 재조직하기 위한 구상을 하는 사람은 통솔범위라고 하는 조직원리를 반드시 알아야 한다. 공립학교의 행정적 견지에서 볼 때 다음과 같이 말할 수 있다.

"통솔 범위라는 용어는 경영학과 행정학에서 나왔는데, 이의 뜻은 효과적인 행정을 위해서는 한 사람의 상급자가 개인적으로 보고를 받고 또 활동 프로그램을 토의 및 결정하기 위한 인원수는 제한되어 있다고 하는 것이다."

이 원리에 대한 고찰은 교회가 크든 작든 간에 목사(행정가)에게 중요한 사항이다. 한 사람이 많은 숫자의 부하와 직접 일을 하기 시작하면, 그의 효과성이 감소된다. 다른 모든 조건이 동일하다고 볼 때 20명과 일하는 것은 3명과 일하는 것보다 훨씬 어렵다.

그레이커나스(Greicunas)는 부하의 숫자에 따른 상관관계 숫자를 계산했다.

"감독자는 그 자신과 피 감독자 사이의 직접적이고 단순한 상관관계의 숫자에 의해 자신이 진 책임의 양(量)을 계산한다. 그러나 여기에는 부가적으로 직접 집단상관관계와 교차상관관계가 있다. 따라서 톰이 딕과 해리 두 사람을 감독한다고 할 때, 그는 이들에게 개인적으로도 말할 수도 있고, 또 두 명에게 동시에 말할 수도 있다. 해리가 있을 때 딕의 행위와 딕이 있을 때 해리의 행동은, 그들이 톰과 혼자 있을 때와는 다를 것이다. 더욱이 딕이 생각하는 해리와 해리가 생각하는 딕의 교차적인 상관관계는 톰이 그가 부재(不在) 시에 상호협력이 필요한 일을 이들에게 맡길 때 필히 염두에 두어야 할 문제이다. 그러므로 이렇게 아주 단순한 조직단위에 있어서도 톰은 그의 주의력의 범위 냄에서 4~6가지 정도의 상관관계를 파악해야 하는 것이다."

그레이커나스는 또 통솔 범위에 인원이 하나 추가됨에 따른 직접 및 교차적인 상관관계의 총합에 대해서도 언급하고 있다. 예를 들어 5명에 대한 상관관계는 100가지로 증가했다. 만약 통솔 범위에 10명이 포함된다면, 상관관계는 5,210가지로 늘어나게 된다. 만약 통솔 범위에 20명이 포함되면, 상관관계는 24,708가지라는 엄청난 숫자로 늘어난다는 것이다. 이는 한 사람이 도저히 이해하고 감독할 수 없는 숫자이다.

따라서 그가 제시하는 관리 가능한 통솔 범위는 다음과 같다.

① 부하의 일이 복잡할수록 통솔 범위는 좁혀야 한다.
② 부하의 책임과 권한이 많을수록 통솔 범위는 좁혀야 한다.

만약 감독자와 행정가의 통솔 범위가 너무 넓은 상태에서 운용된다면, 상대적으로 이들 시간의 대부분은 미세한 문제에까지 확장되어야 한다. 행정가는 그의 가능한 최대의 시간을 중요하고도 특수한 문제에 쏟아야 한다. 덜 중요한 사항들은 조직의 하급자에게 위임되어야 한다.

6. 요약

사업 조직은 결코 단순한 조직이 아니다. 가끔 교회 지도자는 이를 목적시하는 때도 있다. 그래서 조직이 아주 중요한 것으로 부각되고 회원들은 도외시되는 경향이 있다.

조직은 계획을 목표의 방향으로 운반하는 수단이다. 교회 내의 조직은 자체를 위한 것이 아니라 기독교를 위해서 존재한다. 다음의 요약된 조직원리가 중요한 도움을 제공할 것이다.

① 조직의 목적은 기관적 목표, 특히 유일하고도 기본적인 목표의 성취를 보장하는 것이다.
② 비록 조직도표가 한계점을 지니고 있지만, 단점보다는 장점이 훨씬 많아서 명백한 가치를 지닌다.
③ 효과적인 조직은 계선과 참모 모두에게 가능한 최대 수준의 관리의 통일성을 제공한다. 계선의 기능은 활동의 지시와 결정성이며, 참모의 기능은 조언하는 일이다.

④ 현명한 행정가는 비공식 그룹 또는 파벌의 존재를 인식하고, 이를 공식 조직에 건설적으로 통합하려는 노력을 한다.
⑤ 일반적으로 신규 조직은 위에서 아래로 조직화된다. 기성 조직은 상부와 하부에서 동시에 조직 또는 재조직화된다.
⑥ 계선상의 행정가에 의해서 감독되는 인원의 숫자는 여러 요인에 기인된다. 이들은 ⓐ 부하에 의해 수행되는 임무의 다양성, ⓑ 부하에 의해 수행되는 임무에 연결되는 책임의 정도 등이다. 일반적으로 조직의 고위층으로 올라갈수록 통솔 범위는 좁아진다.

제3장

기획(企劃)

　기업가는 누구나 자기의 생산품목을 선택해야 한다. 오늘날 대학에서도 모든 분야가 전문화되어 있는 것은 아니다.
　따라서 기업과 학교가 의사결정과 실제적인 목표설정을 해야 할 필요성이 있는 것과 같이, 교회도 역시 동일하다.
　교회는 자체적으로 유일한 목표를 지니고 있다. 그것은 잃은 양을 위한 화해의 복음으로 교통하는 목적이다. 더욱이 교민들의 영적인 훈련 및 교육을 위해 우리 주 예수 그리스도 안에서 믿음으로 하나님과 연결되게 하는 임무가 위임되어 있다.
　다음은 특수한 목적의 선택 및 정의를 내리는 일이다. 기획은 명확히 정의된 목표가 없이는 효과적으로 수행될 수 없다. 그러나 일단 목표가 선택되고 기술되면, 다음 후속 절차가 이루어져야 한다.

1. 기획의 정의

기획은 교회의 목적 달성을 위한 최선의 계획을 수립하기 위한 과거와 현재에 대한 조사 과정이다. 따라서 기획은 행정과정의 수단에 지나지 않는다. 시어즈(Sears) 회사는 『행정절차의 본질』이라는 책자에서 다음과 같이 언급했다.

"기획은 비록 분리된 기능으로 수행되는 경우가 있으나, 그것 자체가 목적은 아니며 항상 목적에 대한 수단일 뿐이다. 이런 관계로 이것은 어떤 일에 대한 첫 단계가 되는 것이다. 기획은 필요한 결정과 행동을 취하기 위한 길을 발견하고 준비하는 것이다."

물론 현재의 요구는 미래에 전개될 상황을 가능한 한 정확하게 예측함과 이런 지식을 토대로 하나의 계획을 작성함이다. 예측은 쉬운 일은 아니다. 그러나 목적을 효과적으로 달성하려면 반드시 해야 하는 일이다. 이를 위해서는 과거의 성공적인 것이나 실패했던 것과 현재의 것들로부터 상관되는 자료를 수집 및 분석해서 미래의 행동을 위한 판단을 하게 된다. 따라서 기획은 현재와 과거를 연구하고, 자료를 수집하며 해석하고, 조직의 설정된 목적을 달성하기 위한 계획을 작성하는 것이다.

2. 기획의 중요성

왜 우리는 기획 과정이 중요하다고 느끼는가? 기획이 없다면 교회 목표는 단지 부분적으로만 달성되기 때문이다.

시간과 에너지는 재정적 투자의 크고 작은 규모에 따라 확장되므로 오직 수용성 있는 계획이 개발되어야 한다.

교회의 교육계획을 준비하는 현명한 방법은 무엇인가?

블랙우드(Blackwood)는, 시간과 노력을 절약하는 방법으로 기획위원회를 열어야 한다고 말한다.

"많은 목사들은 교회 직원과 기타 지도자들을 가을이 되면 시간을 내서 교회로부터 멀리 떨어진 곳에서 하룻밤을 세우고 전략을 세우며 함께 기도할 필요가 있다. 기획회의가 끝나면 교인들에게 교회의 존재 이유와 그들의 사명을 인식시켜야 한다. 교인들은 죄를 정복하고 복지를 누려야 하기 때문이다."

기획은 그 어느 때보다 더 오늘날 교회의 사업에 필요한 요소이다. 교회 출석률을 높이기 위한 방문계획과 전도사업을 위해서도 중요하다. 친교활동 역시 참여자들의 현명한 기여를 위해서 세심한 기획이 필요하다.

그러나 기획은 반드시 실제적인 기획 형태의 기초 위에서 진행해야 한다. 그래야만 효과적이고 포괄적인 계획운영이 가능하게 된다.

3. 기획의 기능

기획의 특수한 기능은 목표설정과 이의 성취를 위한 수단을 지시하는 것이다. 시간 또는 절차의 측면에서 볼 때 기획은 장래에 성취될 계획을 배열하는 과정이다. 이는 또한 미래에 가능한 상황을 예측해서 조직의 목표달성에 가장 적합한 계획을 준비하는 능력이다.

목적

교회 조직목표는 모든 조직 수준에서 지도자에게 유일해야 하나 가장 높은 수준에 있는 일반적인 목적에도 부합되어야 한다.

모든 성공적인 조직은 교회, 학교, 기업의 어느 기관이든 조직 내에서 목표의 계층제가 존재한다. 예를 들어 우리 교회 주일학교에는 반별로 특수한 목적이 있고, 이는 다시 더 폭넓고 포괄적인 국(局)의 목적으로 유도되며, 각 국의 목적은 또 한 단계 높은 주일학교의 목적으로 유도되어 이를 지원하게 된다. 한 단계 더 올라가면 주일학교의 목적은 일반적이고 가장 광범위한 목적, 즉 교회 자체의 목적으로 집약된다. 특정교회의 목적은 종파적 또는 초교파적 목적인, 우리를 먼저 사랑해주신 하나님의 사랑이 궁극적이어야 한다.

목적에 대한 고찰은 시간적인 측면에서도 이루어져야 한다. 어떤 목표는 일찍 도달되는 한편 다른 것은 더 긴 시간이 요구되는 것도 있다. 성취에 소요되는 시간이 긴 목적은 장기목적, 그리고 짧은 시간이 소요되는 목적은 단기목적이라고 한다.

1) 장기목적(長期目的)

이 목적은 수개월 또는 몇 해 동안의 미래를 투시한다. 주로 1년 이상의 계획이 이 분류에 속한다. 이 목표는 상황변동 시 쉽게 바꿀 수 있도록 속성에 있어서 잠정적이어야 한다.

장기목적은 장기계획과 함께 너무 세부적이어서는 안 된다. 만약 세부적인 설명과 특성이 설정되었다면 차후에 내용을 수정하기 어렵고, 세부계획에 투자된 시간은 낭비가 된다. 따라서 장기계획은 수행

시간이 접근함에 따라서 점진적으로 세부내용을 작성함이 훨씬 좋을 것이다.

2) 단기목적(短期目的)

이 목적은 주로 1년 이내에 이룰 수 있는 사항들이다. 예를 들어 대규모의 계획을 다음해 1월 중으로 설정했다면 적어도 12월 초순까지는 모든 세부사항이 최종안으로 확정되어야 할 것이다. 그 원리는 목표달성 또는 계획상 가용시간이 적을수록 기획의 첫단계에서 더욱 세부적인 특수성을 나타내어야 하는 것이다.

월력

향상된 기획의 한 가지 예는 신앙월력을 사용하는 것이다. 기획을 위한 수많은 종류의 월력 중에서 가장 중요한 것은 활동월력과 진흥월력이다.

활동월력에는 연중 중요활동, 사업계획을 분기별로 표시하되 여기에 대한 기본적인 정보도 나타내준다. 이 월력에 나타낸 행사는 다음 질문에 대해 해답을 줄 수 있어야 한다. 즉 누가 포함되는가? 어디에 개최되는가? 언제 할 것인가? 어떻게 짜여져 있는가? 주된 목적이 무엇인가?

향상된 정보 또는 진흥월력은 활동월력에 앞서서 활용되기 위해 고안되었다. 즉 활동의 시간과 장소에 관한 정보 전시로 다른 활동들의 기획과 조정을 용이하게 한다. 또한 흥미를 돕기 위한 광고, 책자, 그리고 기타 문제들을 소개할 기회를 제공한다.

주의사항

일단 작성된 계획은 항상 실천되지 않을 가능성이 있다. 쉴레(Schleh)는 이런 상태의 예방책으로 다음과 같이 제안했다.

"활동의 결핍 이유 중의 하나는 하부목표에 대한 실행책임을 신규 산출물 위원회가 지고 있기 때문이다."

개인이 더 훌륭히 하위목표를 달성할 수 있다. 실행장(實行長)이 행동을 취하기 위한 길은 적어도 모든 하위 목표가 '개인'에게 할당되었을 때 가능하다고 주장하는 일이다. 쉴레는 개인에게 하위목표의 할당과 아울러 계획을 운용하는 것을 권유했다.

또 하나 주의사항은, 개인에게는 달성 불가능하게 여겨지는 목표를 행정가가 이들에게 할당하는 문제로서 관찰되어야 한다. 만약 행정가가 과도하게 욕망적인 목표를 설정한다면, 그의 부하 직원들은 목표의 범위에 휩싸여서 고통을 느끼거나 감정적인 단절상태를 유발하게 된다. 따라서 행정가는 일의 주역을 같은 인원들이 볼 때 실제적이고 실현 가능한 목표만을 할당하는 방법을 필히 배워야 한다.

4. 기획의 수준

행정가는 기획 실행단계에서 수많은 의사결정이 이루어져야 함을 발견하게 된다. 의사결정은 가장 높은 데서부터 가장 낮은 데까지, 즉 조직의 모든 수준에서 이루어져야 한다.

모든 수준에서 의사결정 절차를 인내하는 규칙은 일반적으로 기관 정책으로 알려져 있다. 이들은 조직계획의 집행을 돕고, 정책결정이 발생되는 수준보다 낮거나 동일하거나 관계없이 서로 다른 인원과 운용을 통제하는 데 도움을 준다.

행정결정 및 기획

행정용어로서의 '정책'은 여러 방향으로 사용된다는 것을 주지해야 한다. 사이먼(Simon)은 그의 『행정형태』란 저서에서, 정책이란 첫째, 많은 조직 수준에서 일하는 감독자들이 행정절차와 관련해서 그의 부하들에 의한 개인적 판단을 제한하기 위해서 열거한 규칙을 뜻하거나, 둘째, 최고 관리자에 의해 설정된 더욱 중요한 규칙을 뜻한다고 한다. 뉴먼(Newman)은 '정책'이란 용어를 '사용계획'의 개념에 포함시켰다. "사용계획은 계속 반복적으로 사용되는 것으로서 정책과 조직구조, 표준절차, 그리고 표준방법 등을 포함한다"고 말했다.
어느 경우든 정책은 조직을 위한 안내, 안정성, 그리고 지속성을 제공하는 일반적 운용원리이다.
정책의 가치는 신속한 속성에 있다. 정책은 또한 조직의 안전성을 제공하는 가치도 있다.
정책을 일시적인 기분이나 변덕에 기초를 두지 않고 원리에 둘 때 구성원들은 조직의 지속성과 문제해결책이 독단과 충동의식에서 나온 것이 아님을 깨닫게 될 것이다.

정책결정 및 수행

이미 지적한 바와 같이 정책결정은 조직의 최고 수준에만 한정되어서는 안 되고 모든 수준에서 나타나야 한다. 교회 내의 정책결정 수준은 다음과 같다.

1) 수준 I – 1 위원회 수준

주로 교회에 의해 선출되고 분기 및 연례회의를 제외한 교회의 업무를 수행하는 위원회가 된다. 이는 사무위원회로서 당회라는 명칭을 지닌다. 이러한 정책은 교회 전체 프로그램에 영향을 주게 된다. 사실상 그룹이 위치한 조직적인 수준이 높을수록 이들이 관련되는 정책도 더욱 일반화된다. 위원회 수준에서 형성된 대부분의 정책은 장기적으로 적용되며 다수인들에게 영향을 주게 되므로, 이들에 대한 주의 깊은 고찰이 요구되며 또한 정확히 명문화된 이후에 형성 및 적용되어야 한다.

2) 수준 II – 1 교회참모

이 그룹은 주로 교육위원회와 당회 또는 사무위원회에서 결정된 정책 및 계획을 집행하는 책임을 맡는다. 예를 들어 기독교 교육위원장은 교회의 기독교 교육 프로그램에 대해서 위원회 및 분임회의와 상호협력할 책임이 있다. 그러나 교회 헌법의 의도에 따라서 어느 그룹과도 협조하지 않고 단독으로 계획을 지시할 수도 있다.

3) 수준 Ⅲ-1 관리자 및 감독자

이 그룹은 감독자, 상담자, 관리자로 구성되는 또 하나의 행정계층이다. 이들은 상급 수준에서 형성된 정책의 집행을 위한 최선의 수단 및 기술에 관심이 있다. 이들에 의해 형성된 정책은 다른 수준의 것과 마찰을 피하고, 상호 일치되고, 통일된 계획을 위해서는 반드시 공통적인 일치를 볼 수 있도록 형성되어야 한다.

4) 수준 Ⅳ-1 교사, 실무자, 회원

이는 모든 계획이 최종적으로 수행되는 수준이다. 여기서는 항상 부정확한 수행 또는 완전한 실패의 위험이 따른다. 계획집행에서 중요한 것은 이 수준에서 운용하는 자들의 선량한 의지와 이해이다.

교회에서는 구성원들에게 하나님과 교회에 대한 충성이라는 명제가 개발된 계획을 수행하는 동기가 된다. 교회는 세속에서 자주 일어나는 상황인 계획집행을 위한 위협이나 협박을 의지해서는 안 되고 또 의지할 수도 없다. 교회는 오직 모든 사람을 위한 기독교적인 사랑과 관심의 원리를 가르치고 실천해야 한다. 오직 이 길만이 그리스도의 계획이 효과적으로 계획되고, 지시되고, 전진될 수 있는 것이다.

5. 기획의 형태

행정에 경험이 없는 사람은 꼭 알아야 할 기획의 일반적 형태가 있다.

문제의 정의

기획의 첫 단계는 그룹이 직면한 문제에 대한 분리 및 조심스러운 윤곽 파악이다. 이때는 "이 문제의 정확한 속성이 무엇인가?" 또 "우리가 여기서 하나 이상의 문제를 지니고 있는가?" 하는 질문을 해보아야 한다.

행정기획의 측면에서 보면, 인식되고 잘 정의된 문제에 대한 해답은 계획이 진행되는 방향으로의 목표가 될 수 있다. 예를 들어 소년 범죄 문제가 있다고 하면, 이것이 또한 교회 문제로 되는 것이다. 따라서 문제의 해결책으로 제안된 것이 곧 교회, 학교, 또는 사회 내의 어떤 기관이든 조직의 목표가 될 수 있다.

가능한 해결책의 제안

문제의 속성이 무엇이든 간에, 일단 그것이 정의된 후에는 여러 가지의 해결책을 설정하는 일이다. 물론 여기에는 위의 문제와 관련되어 명백한 해결책들이 있을 수 있다. 이때 가장 적절한 계획을 선택하는 것은 그룹이나 행정가의 책임이다. 이에 대한 일반적인 규칙은 문제가 클수록 해결책을 위한 계획은 더욱 포괄성이 있어야 한다는 것이다. 모든 근원과 인원들로부터 직접 관련되는 물질은 반드시 추구되어야 하고 신중한 고려를 해야 한다.

관련 정보의 수집

가장 만족스럽게 보이는 특정한 해결책 또는 계획이라도 아직 선택하기에는 이르다. 우리가 선택한 것을 확신 또는 취소하기 위해서는 가능한 한 최대의 정보를 수집해야 한다. 예를 들어 기존 교회시설의 이전 또는 확장의 선택을 하는 문제가 대두될 때는 아마도 공공체의 여론이 반영되어야 할 것이다. 공동체의 인구 변화 상태는 어떤가? 향후 5년 이내에 산업화될 지역의 범위는 어디까지인가? 지난 10년간 공동체 내에 이주해온 인구는 얼마인가? 가용한 교통수단은 어떤가? 기타 모든 문제들도 이런 식으로 고찰되어야 한다. 실제적인 자료를 탐색하기 위해서는 정부와 시에서 실시한 조사도 대충 넘겨서는 안 된다.

일단 정보가 수집되면 이를 결합하고 양식에 맞도록 분류해서 쉽게 해석할 수 있도록 해야 한다. 이는 최종분석을 위한 것으로 모든 의사결정에 선택될 계획의 궁극적인 결정을 유도하기 위한 사실의 해석이다.

미래 예측

이는 현재와 미래를 위해 가장 바람직한 계획을 내다보는 것이다. 향후 5년, 10년, 또는 15년 후에는 일들이 어떻게 전개될 것인가? 이 문제는 기획이 지능적으로 수행되기 위해 모은 자료로부터 가능한 한 가장 정확하게 대답해야 할 것이다.

의사결정

사이먼(Simon)은, 의사결정은 심리적 및 사회적인 요인이 동시에 고려되는 환경 내에서 이루어져야 하는 고도로 어려운 사항이라고 명백히 선언했다. 그는 환경에서 발견될 수 있는 특수한 요소들은 매우 심각한 수준으로 의사결정 절차에 영향을 주는 경향이 있다고 한다, 대다수의 행정가들은 결정사정이 중요할수록 또 결정에 영향을 받을 사람이 많을수록 심리적, 사회적인 내용을 포함한 모든 가용한 정보를 수집하는 데 소요되는 시간이 더 많다는 데 의견의 일치를 보인다.

계획의 준비

의사결정 과정은 목표설정, 이의 수행을 위한 수단, 그리고 평가되어야 할 요소의 개요이다.

계획에서 세워진 목표는 교회가 봉사할 것으로 기대되는 분야에 관한 의사결정의 반영이라고 하겠다. 어느 목사나 교회도 모든 방면에서 효과적으로 집행할 것으로 기대하기는 어렵다. 어떤 교회와 목사들은 설교를 통한 선교, 또 어떤 이는 상담을 통한 선교, 어떤이는 가르침을 통한 선교, 또 어떤 이는 전도 선교 또는 이들 여러 가지의 결합을 이루어 그 분야에 집중을 할 것이다.

교회 모든 분야의 자원관리자가 계획을 고찰하고 제안을 해야 할 것이다.

중요성을 지니는 질문은 누가 계획의 방향을 제시할 것인가? 어떤 활동이 즉각적인 반응을 일으킬 것인가? 계획 집행 중 가장 우선순위를 두어야 할 사항은 무엇인가? 사업집행은 어떤 점에서 점검하고, 또 어떤 수단에 의해 평가해야 하는가?

이 단계의 기획에서는 이들 질문사항뿐 아니라 더욱 많은 내용이 포함되어야 할 것이다.

계획의 승인

대부분의 교회에서는 교인 전체에 직접 관련되는 사항은 공식적인 교회 업무회의에서 투표로 결정한다. 이는 교회의 계획집행을 위한 모든 재정이 교인들에게서 나온다고 볼 때 가장 적절한 것이다. 물론 제한된 분야에 적용되는 계획은 해당 계획에 기본적으로 관계되는 그룹에 의해서 투표로 결정할 수도 있다.

자금 및 인원 안배(安配)

마지막 단계는 재정지원과 리더십의 안배이다. 각 교회는 그 재정적 그리고 지도자 문제를 자체적인 수단으로 해결해야 한다. 타교회의 기술을 도입하는 데 신중을 가해야 한다. 어느 교회도 같을 수는 없다. 따라서 자금 증식과 지도자 안배 문제도 교회마다 다를 것이다.

아무튼 기획 절차상 이전의 모든 과정에서 완벽하고 조심성 있게 진행되었다면, 이 마지막 단계도 모든 과정에서 성공적이고 만족할 수 있도록 되어야 할 것이다.

6. 기획의 요소

교회 행정가들은 기획이 보장하는 결실 그 이상으로 기획에 시간을 소비할 가능성이 있는가? 만약 한 사람이 문제 자체가 지니는 것 이상으로 그 문제의 기획에 시간을 소비한다면 이 문제가 관련되는 모든 경우에 있어서 가치 여부를 의심하지 않을 수 없게 된다. 기획에 소비된 시간이 문제 자체가 요구하는 것 이상의 양(量)이 투자되었다면, 그는 이 문제의 중요성을 확신해야 한다. 설교는 약 30분 정도가 소요되지만 이의 준비를 위해서는 12시간 이상 걸릴 것이다. 만약 목사가 교회 연례 야유회에서의 게임을 위한 기획에 이 정도의 시간을 투자했다면 '투자된 시간으로부터 얻은 가치'에 대해서 심각한 문제점을 야기시키게 될 것이다.

또 쉽게 기억할 수 있는 내용이나 일회 사용을 위한 기획에 대량의 시간이 투자되어야 하는가의 의문점을 지녀야 한다. 만약 계획이 적어도 주기적으로 사용된다면, 기획을 세부적으로 하고 특수사항도 기록하는 것은 충분히 이해가 되는 일이다. 그러나 기획이 단 한 번만 사용된다면 행정가는 소모된 시간이 합리적인가 질문을 해볼 필요가 있다.

계획이 나중에 수정되는지의 여부도 의문사항이다. 만약 이 가능성이 있다면 세부사항까지 많은 시간을 들여 기획하는 것은 비합리적이며 이때는 단지 일반사항 및 개요만 기술하고 세부사항은 필요시 기입하면 될 것이다. 마지막으로 다른 계획보다 덜 중요한 계획이나 활동은 그 세부내용을 하부에 위임하거나 중요한 사항만 간단히 기입하는 것으로 충분하다.

7. 기획에서 행정가의 역할

행정가는 모든 계획의 성패에 대한 궁극적인 책임이 있다. 특히 교회 담임목사의 경우에는 두말할 필요가 없이 목사는 교회의 최고 지도자로서 그 결과에 대한 고충을 감수하게 된다.

개인적 계획

행정가가 그의 주된 임무와 계획을 기술할 때는 무시하거나 관망해야 할 항목들을 쉽게 파악할 수 있을 것이다. 일단 모든 임무사항들을 도표에 기록하고 보면 덜 중요한 사항을 선택해서 타인에게 위임할 가능성도 있게 된다.

기획의 세 가지 종류

만약 조직의 안정성과 복지에 위협적인 것이 있다면 신속한 동작을 취해야 한다. 화재, 폭풍, 또는 정체불명의 질병들이 발생했을 때 신속한 계획수립과 운용이 없다면 비극과 슬픔을 자초하게 될 것이다. 지도자는 항상 상비계획을 지니고 있어서 비상시의 경우 이에 대처할 단계를 알고 있어야 한다. 비상상태는 교회 재산뿐 아니라 교회 주최의 활동, 즉 가정, 해변, 야외캠프 등 어느 곳에서든 발생가능하다는 사실을 기억해야 한다. 예측하지 못한 비상사태가 발생한 경우에는 담임목사 또는 기타 행정가들에 의한 계획이 수립되어야 한다.

행정가가 반드시 해야 할 또 다른 기획의 종류는 새롭고 특수한 사항, 즉 교회시설 확충, 신규인원 채용 등을 포함하고 있다. 물론 이 상황의 속성은 '비상' 사태는 아니지만 일상적인 것과 즉흥적인 것의 구분이 요구되는 것이다.

상용계획은 누구에나 익숙해 있으나 극소수인이 이를 연구하고 있다. 일일 및 주간 업무량을 설정하는 일은 이의 일부분에 속한다. 기획회의는 일반적으로 기간 중 활동 개요를 결정하기 위해서 그 주의 초(初)에 계획되어 있다.

일일 및 주간 업무 한계를 넘어서는 사항은 연중 또는 수년간 계속되는 공통적인 임무로 타이핑, 서류정리 및 분류, 기록 및 우편업무 등이 있다.

이러한 기획을 최소화하기 위해서는 모든 분야에 대한 업무 분배계획이 준비되어야 한다. 이 계획에는 각 참모들의 임무를 열거하고, 각 임무를 위해 투자되는 매일 매주별 대략적 소요 시간이 기록되어야 한다.

개인의 동기유발(動機誘發)

계획을 성취하는 것은 쉬운 문제가 아니다. 그러나 행정가가 세 가지 제안을 받아들인다면 좋은 결과를 얻을 수 있을 것이다.

첫째로, 행정가는 일단 운영되기 전부터 모든 세부내용이 완벽하다는 생각을 고집해서는 안 된다. 계획이 성공 단계로 접어들려면 해결되어야 할 문제가 있기 때문이다.

둘째로, 계획수행을 책임진 사람은 행정가와 토의시간을 마련해서 계획을 검토하는 작업을 해야 한다. 이때는 각 단계를 토의하고, 또

미해결 상태로 남은 문제점을 검토해야 한다. 이때 참관인들도 계획의 실제적인 운영을 보는 것과 같은 효과를 얻을 것이다.

마지막으로 계획 진행 중 문제점이 발견될 경우 행정가 자신이 여기에 도움과 상담을 제공할 것을 명백히 해야 한다.

궁극적 책임

담임목사나 기독교 교육목사가 위원회나 기타 공식회의에서 작성된 계획을 승인할 수 없을 경우에는 어떻게 할 것인가? 행정가는 모든 계획의 실패에 대한 최종책임을 져야 한다는 것을 확실히 자각해야 한다. 따라서 그는 그의 어떤 제안이 계획을 성공적으로 이끌어갈 가능성이 있으면 그의 의견을 기획회의에서 발표해야 한다. 그러나 만약 그의 생각에 기획회의에서 작성된 계획이 잘못되었다고 판단되면 그리스도의 사랑과 이해 안에서 그의 반대의사를 글로써 표명하고 최선을 다해서 이를 수행할 것을 동의해야 한다. 계획이 성공적이며 행정가는 혼자서는 모든 지혜와 지식을 동원할 수 없다는 사실을 깨닫고, 또 계획이 실패하면 그의 반대의사를 요약해서 제한된 범위까지 자신을 흡수할 수도 있다. 다른 유일한 대안은 사표를 제출하는 일인데 이는 항상 필요하거나 바람직한 일은 아니다.

8. 요약

어느 가관이든 모든 일을 다 처리할 수는 없다. 따라서 선택이 필요하다. 교회의 경우 목표 선정에 중요한 부분을 차지하는 요소로는 신학적, 심리적, 그리고 지리적인 것이 있다. 따라서 기획절차는 선택된 목표를 반영하고 또 교회가 따라야 할 계획의 종류를 결정한다. 이 장에서 토의된 기획원리는 다음과 같다.

목표의 원리

조직이 효과적으로 운영되기 위해서는 두 가지 목적이 있다.
① 장기계획의 기초가 되는 장기목표
② 1년 이내 단기계획의 기초가 되는 단기목표

조사의 원리

계획은 조사인원 및 장비가 허용되는 한도 내의 사실에 기초를 두어야 한다.

계속성의 원리

좋은 기획은 조직의 과거와 현재 상황을 고려할 뿐 아니라 미래를 위한 예측과 준비를 함으로써 계획의 일치성과 통일성을 결정해준다.

융통성의 원리

계획은 충분히 융통성을 지니고 있어서 시간적 노력의 큰 손실 없이 수정될 수 있어야 한다.

정책결정의 원리

기획의 가장 중요한 측면은 정책결정이다. 이는 기본적으로 최고 수준에서 해야 하나, 조직의 모든 수준에서 발생된다.

책임의 원리

행정가가 일단 일련의 계획을 승인하면 그는 이의 성공과 실패에 대한 책임을 져야 하며 성공한 사업계획의 책임도 당연히 져야 한다.

제4장

행정 위임

1. 행정 위임에 대한 소개

목사 입장에서 교회의 조직적인 구조에 대해 생각할 때 기독교 교육계획을 선도하는 인원의 책임을 반영하지 않을 수 없다. 그리고 업무를 분배해서 조직의 지도자가 정책결정부터 종이 한 장 구입하는 일까지의 모든 책임을 지지 않도록 해야 한다.

그러나 어떤 이는 훌륭한 행정원리를 망각하고 조직 계획에만 집착한 나머지 다음 두 가지 과오를 범하게 된다.

① 세부적인 업무에 자신을 노출시키고
② 타인들이 그리스도의 지체로서 교회선교에 참여할 책임과 권한을 빼앗는다.

출애굽기 18장 13~24절에서 모세는 이러한 행정직 실수를 범했다. 이것은 오늘날에도 희귀한 것이 아니다.

레어드(Laird)는 약 500명의 지도자를 대상으로 분석한 결과에서 말하기를, 전체에서 73%는 훌륭하고 우수한 지도자였고, 27%는 보통, 열등, 또는 나쁜 지도자들이었다고 했다.

"훌륭하고 우수한 지도자는 위임을 최대로 활용하는 자였고, 실패자들은 위임을 결코 사용하지 않거나 가끔 사용하는 자였다."

어윅(Urwick)도 "위임이 없는 어느 조직도 효과적으로 움직일 수 없다. 그러나 적절한 위임의 장려를 위한 방법에 대한 지식의 부족은 조직이 실패할 수 있는 일반적 요인이 된다"고 기술했다.

우리는 위임이 조직과 행정의 측면에서 가장 중요하다는 사실을 알았다. 이는 교회 행정가를 무시할 수 없는 하나의 절차로써 이를 잘 이해하고 지능적으로 활용해야 한다.

위임의 중요성

위임은 교회의 규모에 관계없이 필요하다. 적어도 두 사람 이상이 계획을 수행할 때는 위임절차가 있게 된다. 다시 말해서 위임은 조직의 크기에 관계없이 어느 조직도 피할 수 없는 것이다. 문제는 이것이 적절히 잘 이루어질 수 있느냐 하는 것이다. 뉴먼(Newman)은 다음과 같이 언급했다.

"위임은 최소의 행정조직에도 있다. 단순히 배관공, 농부, 구멍가게 주인, 또는 복덕방 주인이라고 해도 그의 일을 혼자 할 수 없어서 보조원을 고용하게 되면 위임은 일단 시작된다. 대기업에서는 위임이

사장에서 부사장으로, 여기서 재위임이 부사장에서 이사, 부장 등의 순으로 하나의 피라미드 형태를 이루고 있다."

조직의 규모가 클수록 행정가에서 위임의 원리가 더욱 중요하게 된다.

중요한 활동사항을 더욱 적절히 수행하기 위해서는 덜 중요한 사항을 주일학교장, 청년부 지도교사, 장년부장, 기타 지도자들에게 위임해야 한다. 행정가의 목표는 위임절차를 최대한으로 이용함으로써 덜 중요한 임무나 결정사항은 교회 구조상 하급수준에 위임되도록 하는 일이다. 발생된 문제와 가장 가까이 서 있는 하급자는 상급자보다 오히려 상관되는 문제에 대한 결정권이 많다고 본다. 왜냐하면 그는 문제가 일어난 환경에 대한 밀접한 지식을 지니고 있으며, 문제해결을 위한 해답은 바로 여기서 찾아야 하기 때문이다.

조직의 각 계층이 위임된 책임을 받아들이게 되면, 기관에 관련된 자들에 대한 적절한 훈련도 중요한 것이다. 인원의 훈련은 조직의 활력소가 되기 때문이다. 부하에게 더 많은 의사결정과 책임이 위임될수록, 그들은 교회 내에서 미래의 리더십 역할을 수행하기 위해서 더욱 많은 준비를 하게 되고 좋은 경험을 쌓게 되며, 중요한 조직의 문제를 판단하는 능력이 향상되는 것이다. 따라서 위임은 두 가지 목적을 지닌다. 첫째는, 리더십 숙달을 위한 교육이고, 둘째는, 행정가에게 더욱 중요한 활동을 위한 시간의 재량(裁量)을 부여하는 것이다.

행정가의 위임은 조직의 특수한 측면에서 볼 때 무엇을 뜻하는가? 이 질문에 대한 해답은 여러 요인에 달려 있다. 그러나 일반적으로 볼 때 한 사람이 책임을 부여받으면, 그는 통합적 부분임을 깨닫게 되고, 조직계획에 더욱 많은 관심을 보이게 되며, 소속감도 증진될 수 있다.

만약 담임목사가 정확한 업무 계획을 가지고 있다면, 다음 사항들이 기초가 될 것이다.

① 가장 낮은 우선순위와 함께 책임을 위임하고,
② 교회에 부가적인 참모인원이 필요한지의 여부를 확인할 때이다.

물론 관계자의 능력과 시간, 그리고 가용 에너지를 고려하지 않고 난잡하게 책임을 위임할 경우는 그 사람에게 과중한 부담이 되어 사기를 저하시키는 요인이 될 수도 있다. 다른 모든 경우와 마찬가지로 이 경우에도 이에 관한 지혜와 이해와 훌륭한 판단이 선행되어야 한다.

2. 위임 가능한 의사결정

모세가 배운 바는 덜 중요한 사항을 할당함으로써 자신은 더 중요한 사항을 위해 일할 수 있다는 것이다. 이 말은 즉 집행에 있어서 낮은 숙련도와 지식을 요구하는 의사결정과 임무는 하부에 위임되어야 한다는 뜻이다.

위임 수준을 좀 더 신중히 다루어본다면, 위임자는 피위임자를 위한 의사결정의 다음 범주를 고려해야 한다.

① 일상적인 의사결정
② 보고되어야 할 의사결정
③ 자문이 요구되는 의사결정

일상적인 의사결정

첫 번째로 위임되어야 할 것은 일상적인 것으로 상급자가 부하에게 구태여 보고받을 필요가 없는 사항이다. 이런 성질의 결정사항은 핸드북이나 유사한 책에 열거해서 기록된 규칙에 의해 처리되도록 함으로써 목사가 통상적인 결정사항과 일반적인 문제에 대해서는 손을 떼도록 하는 것이다.

보고되어야 할 의사결정

위임의 두 번째 종류는 결정이 이루어지고 행동을 취한 다음에 보고가 요구되는 사항들이다. 국장은 교사를 잠정적으로 임명해서 먼저 학생을 가르치는 임무를 부여하고 후에 기독교 교육위원회에 제출해서 승인을 받게 된다.

자문이 요구되는 의사결정

위임의 세 번째 종류는 상급자와 협의를 끝낸 후에 결정을 해야 하는 내용들이다. 예를 들어 주일학교장 또는 청년회 지도교사는 자체 내의 캠핑 활동을 계획할 수 있다. 만약 이 활동이 교회핸드북에 명시되어 있지 않으면, 그는 기독교 교육목사를 찾아서 자문을 받고 그의 승인을 받으려 할 것이다.

할당할 수 있는 임무와 의사결정의 종류는 다양하기 때문에 행정가는 위임되어야 할 사항을 선정하는 데 신중을 기해야 한다. 특히 조직에 들어온 임원이 그의 책임과 임무를 알아야 할 뿐만 아니라 상급자의 자문 없이 자신이 결정할 수 있는 사항을 알고 있어야 함은 중요한 내용이다. 여기에다 특정된 인원 또는 협의 후에 결정해야 할 사항도 주지하고 있어야 한다.

3. 포함된 위험성

행정가가 책임의 위임을 심사숙고할 때는 반드시 비평에 대한 준비도 해야 한다. 만약 위임된 임무가 정확히 정의되지 않고 또 세부적으로 열거되지 않았으며, 관리통일성의 원리에 어긋나는 사항이라면, 계획의 운영은 실패하거나 또는 심각한 영향을 초래하게 될 것이다. 이에 대해 업슨(Upson)은 다음과 같이 언급하고 있다.

"당신의 권한 계통을 확립하라. 자기 업무에 대한 책임을 타인에게 돌리지 말고 동일한 의무를 부여하지 말며, 자신이 해야 할 일은 부하에게 부여하지 말라"

다시 말하면 위임은 조심스러운 취급과 고도의 정밀성이 요구되는 과학적 절차와 유사하다고 할 수 있다.

책임의 위임에는 반드시 권한의 위임도 수반되어야 한다. 이는 피위임자에게 기획을 위한 책임의 위임뿐 아니라 계획집행을 위한 충분한 권한을 동시에 위임함을 뜻한다.

행정가가 위임을 원한다면, 어떤 이는 그의 기획을 포함한 권한의 줄을 늦추는 결과가 된다고 생각할 것이다. 그러나 상응하는 권한의 위임 없이 책임만 위임하는 것은 쓸모없는 것이다. 예를 들어 만약 행정가가 주일학교 방문계획수립을 위한 책임을 주일학교 부교장에게 위임해야 한다면, 부교장이 이 계획과 관련된 인원들과 접촉하고 이에 따른 부가적인 도움을 요청하는 권한까지 부여해야 한다.

그러나 이런 책임을 위에 언급한 권한도 없이 위임했다면, 그는 실제적으로 모든 분야에서 제동이 걸려서 도저히 그의 책임을 수행할 수 없을 것이다. 만약 행정가가 그의 부하의 능력과 판단을 불신해서 위임하기를 꺼린다면, 그 부하를 훈련하고 다른 한편으로는 유자격자를 구하도록 해야 할 것이다. 또 만약 임무가 형편없이 달성되면 비난을 받을 준비도 해야 한다. 따라서 행정가는 그의 부하에게 임무 수행을 위해서 포괄적인 권한을 부여하고 모든 책임은 그 자신이 져야 한다. 위임자에 의해 부여된 권한과 책임은 명백히 그 자신에게 환원되는 것이다.

때로는 부하의 판단이 잘못되었음을 발견할 수도 있다. 그가 권한을 부여받음과 동시에 오만해진 부하의 야심이기 때문에 이로 인해서 참모들 사이에 분개심을 불러일으키게 된다. 참모들 내에서 유발되는 이런 긴장과 오해를 예방하기 위해서는 개인 권한의 한계에 명확한 지침이 있어야 하는데 이는 특히 문서형식으로 한계를 정하는 것이 좋다.

4. 위임 훈련

대부분의 행정가들은 책임의 위임을 통해서 조직이 더욱 많은 것을 성취할 수 있고 그들 자신도 효율적으로 일할 수 있다는 것을 알고 있다.

위임은 성장하는 조직에서는 더욱 어려운 작업이며, 행정가는 한 사람에게 숙달된 책임을 수락하도록 요청해야 한다. 이를 성장하는 교회에 비교해보면 행정가에게는 위임 항목도 늘어나기 때문에 쉬운 일이 아니다. 주간(週間)의 충분한 시간을 직무 분석에 투자하고 조직의 상관관계를 도식화해서 해당 위원회와 토의를 할 때만이 성공적인 위임을 위한 '합당한 분위기'를 이끌어갈 수 있다.

물론 행정가가 원하는 바를 하고자 자신이 결정할 수도 있다. 자신이 직접 일하는 것이 가장 잘할 수 있는 방법이라고 확신하는 사람도 있다. 이런 생각은 명백히 착오이다. 업슨(Upson)은 다음과 같이 말했다.

"일이 잘되기를 원한다면 당신 자신이 하라는 격언은 행정학에서는 통하지 않는다. 행정은 바로 타인을 통해서 일을 이루는 것이다."

만약 한 사람이 자신의 조직에서 활동영역을 계속 확장시켜 나가고 또 자신이 더 중요한 업무에 공헌하기 위해서는 반드시 위임하는 방법을 배워야 한다. 이 원리는 예루살렘 교회가 커졌을 때 제자들이 사용했던 것이 아닌가?

사도행전 6장 1~4절에서 기도와 하나님의 말씀 연구만이 제자들의 책임이 아니였다. 그러나 그들이 깨달은 원리는 어떤 일은 다른 것보다 더욱 중요한 것이 있다는 내용이다.

오늘날 위임된 방법은 무엇인가? 몇 가지 접근방법을 소개하려 한다.

예시적 접근(例示的 接近)

이 방법에서는 행정가가 잠정적인 지도자에게 서로 다른 몇 가지의 상황을 부여하고 여기에서 일하는 사람을 관찰하도록 배치하는 것이다. 이들의 기본임무는 그가 일하는 것과 결정하는 것을 관찰하는 것이다. 그들은 행정가가 논쟁점에 대한 찬성 또는 반대를 어떻게 다루며 또한 항목이 다른 것에 대해서 경중을 비교하는 요령과 마지막 결정은 어떻게 하는가 하는 내용을 관찰 및 기록한다. 다시 말해서 그들은 의사결정(意思決定)과 기획과 일반적인 리더십의 다양한 면을 기록할 것이다. 이런 이유로 목사 후보생들은 성공적인 목회자 밑에서 일하기를 원한다. 이들은 행정방법과 리더십의 형태를 '시행과 실수'의 반복에 의해서 배우는 것이 아니라 세심한 관찰을 통해서 배우게 된다.

평신도의 책임을 훈련하는 데는 예시적 접근이 상당한 효과적이며 상업 분야에도 그렇다. 또 이 방법은 우리 주님이 친히 제자들을 불러 모아서 3년 동안 이들을 교훈하고, 또 자신이 친히 이루시고, 이를 위해 실천에 옮기시고 죽기까지 하신 교회를 이들이 인도해나갈 수 있도록 교육하시는 데 사용하신 방법이다.

집단 상호작용 접근

예시적 접근과 이에 수반되는 관찰방법을 통한 위임절차의 교육에 부가해서, 행정가는 평신도를 협의회나 위원회에 참석시켜서 이들을 훈련시킬 수도 있다. 이들 집단이 모이게 되면 행정가는 단순한 사항을 지시할 수도 있으나 질문을 하도록 유도하게 된다. 질문을 받은 훈련생은 그가 지도자로서 기대되는 수단을 생각하게 될 것이다. 처음 한 사람에게 행정가가 "짐(Jim), 당신은 우리가 방금 작성한 제안에 대해서 어떻게 생각하십니까?" 하고 질문을 던져서 대답이 금방 나오지 않는다면 행정가 자신이 해답을 제시할 수도 있다. 그러나 같은 사람에게 두 번째 질문을 해서 이번에는 그가 이 토의에 건설적인 의견 참여를 함으로써 체험으로 배우도록 유도해야 할 것이다.

비공식 통제 접근

세 번째 방식은 상당한 사업계획을 훈련생 지도자에게 부여하는 것이다. 행정가가 사업 진행절차에 따라 각 단계를 실제로 제시하면 이들은 이에 따른 비공식회의(非公式會議)를 준비하도록 하는 것이다. 이 접근의 결과는 피위임자가 그 혼자서도 이 사업을 할 수 있다는 확신을 갖게 된다는 것이다. 이는 또한 그에게 미래의 비슷한 상황에 대처할 수 있는 준비도 하게 된다.

청년이건 노년이건 간에 잠정적 지도자는 '성공뿐만 아니라 실패의 쓴잔'도 반드시 체험해야 함은 물론이나 이는 충분한 성공 사례를 체험한 후에 있어야 할 일이다. 그 후에 실패를 경험하게 되면 그의 누적된 성공 체험이 이를 보충해서 신뢰와 확신을 계속 유지해 나갈 것이다.

자유로운 임무 부여식 접근

이는 제안된 것 중에서 가장 효과적인 접근방법이라고 할 수 있다. 이 방법에서는 잠정적 지도자에게 공식 또는 비공식 통제 없이 부여된 임무를 완성하도록 하는 방법이다.

임무와 사업을 부여할 때는 일반적인 것보다 특수한 것을 택하는 것이 현명하다. 이유는, 영구직에 있는 인원은 그의 통상적인 임무를 타인에게 이전시키는 것을 꺼리는 습성이 있다. 책임이 부여된 자에게는 임무의 성질에 관계없이 최대의 자유와 융통성을 부여해야 한다.

행정가나 감독자가 특히 타인에게 위임된 책임을 수락하는 다양한 방법을 훈련시킨 후에 타인에게 위임된 임무를 수행해야 하는 경우도 있을까? 물론 어떤 사업은 자신이 참석해야 한다는 책임을 느끼는 경우도 없는 것은 아니다. 그는 자신이 시범을 보여 타인의 동기를 유발시키려는 책임도 느낄 것이다. 그러나 일반적으로 그는 조직이 부드럽고 효율적으로 돌아가도록 유지하는 활동에 기여함으로써 조직의 사기를 고도로 높이고 그 자신이 더 중요한 사항에 관심을 돌릴 수 있게 된다.

5. 실수 예방책

행정가가 책임을 위임하는 것은 자신이 그 책임과 전혀 무관하게 되는 것을 뜻하지는 않는다. 그는 오히려 그의 관할권 내에서 이루어지는 모든 사항에 대한 최종적인 책임이 있다. 따라서 그의 부하가 효과적으로 임무를 수행하도록 훈련하는 것은 매우 중요한 일이다.

그러나 훈련은 위임과정의 목적이 아니다. 위임에는 부하들의 발전에 대한 평가 수단도 반드시 있어야 한다.

훌륭한 행정가는 하급자를 훈련시키는 사항뿐만 아니라 이들을 규칙적으로 평가하는 통제 시스템도 설정한다.

"훌륭한 위임자는 역시 훌륭한 조직가이다. 그는 직무분석을 하고 자신이 직접 할 필요가 없는 사항은 타인에게 부여한다. 그러나 여기에서 끝나서는 안 된다. 왜냐하면 그는 후속적인 성격의 정보 유통 체제를 확립해 나가야 하기 때문이다."

따라서 이는 책임의 위임을 위한 수단과 부과된 임무를 받아들이기 위해 필요한 수단을 알기 위한 방법이다. 그러나 임무를 부여받은 사람들의 실수를 예방하는 문제는 별개의 것이다.

비공식 의사소통

피위임자의 실수를 최소화하고 바람직한 방향으로 유도하려면 어떤 점검이 이루어져야 하는가?

한 가지는 비공식 의사소통 체제가 활용되어야 한다. 만약 공식적 채널만 사용한다면 하나의 기계로 생각하게 된다. 그러나 비공식 접근이 사용된다면 이런 느낌은 전환될 수 있을 것이다.

행정가는 조직의 각 과(各課)를 개별적으로 방문해야 하며, 그의 측근자와 비공식 대화를 하고, 그들이 직면한 어려운 문제점들에 대해 토의를 해야 한다. 사실상 비공식 그룹이 모이게 되면, 행정가는 여기에서 무언가 받을 준비를 항상 해야 하며 또 효과적인 위임절차를 이루기 위해 보급할 자료를 전달해야 한다.

간단한 보고

행정가는 선정된 협의회로부터 간단한 서면보고를 하도록 결정할 수도 있다. 이런 식으로 조직 전체의 사업계획에 방해가 될 가능성이 있는 어떤 계획을 미리 막을 수 있다. 이미 지적한 바와 같이 대다수의 의사결정과 장기계획은 조직의 하위 수준에서 결정되어야 한다.

따라서 미래계획은 그것이 구두이든 서면이든 간에 반드시 교회 행정가를 통해서 한다는 것은 중요한 사항이다. 이렇게 함으로써 상호조정을 통해서 문제점을 최소화시킬 수 있게 된다.

겸직을 통한 상호연결

물론 위의 설명은 겸직을 통한 상호연결 체제를 확립함으로 피할 수도 있다. 교회참모는 중요한 위원회에 정기적으로 참석해서 정보를 얻어서 매주 열리는 전체 참모회의에 보고할 수 있다.

비록 겸직 체제가 최선의 방법은 아니라고 주장하는 사람이 있다 해도 역시 실행은 포괄성을 지닌다.

제너럴모터스 회사(General Motors Corporation)는 대기업으로 할로우 커티스(Harlow Curtis)가 사장으로 재직 시에 이 원리를 적용했었다. 최하급 위원회의 위원은 중급위원회의 위원으로 선발되고 중급위원회 위원 중에서 또 상급위원회의 위원으로 선발 배치하는 방법이다. 이를 통해서 개인뿐 아니라 서면으로도 각 계층의 내용이 모두 담긴 정보를 사장이 받아볼 수 있게 된다.

절차 핸드북

마지막 방법은 계획요원들에게 핸드북을 공급하는 것이다. 전체 인원에게 공급된 핸드북에서 임무와 책임에 대한 명확한 기술은 직무에 대한 모호성을 제거하는 데 기여할 것이다. 이는 또한 직권 남용과 월권 행위도 막을 수 있다.

더욱이 좋은 핸드북은 각자의 책임에 대한 '반복교육'을 줄일 수 있다. 인쇄물은 반복적으로 읽고 배울 수 있기 때문이다.

또한 개인에 대한 위임은 조직 내의 기능 점검에 도움을 주는 방법을 수반하는 세심한 기획과 정밀한 업무 분담을 요구한다.

6. 위원회에 대한 책임의 위임

만약 관리통일성의 원리를 따른다면, 위원회가 잠정적이건 아니건 간에 이의 능률성을 위해서는 지명 또는 피선된 회장이 있어야 한다. 회장을 둔 위원회도 때로는 어려움에 직면하게 된다. 하물며 회장이 없는 위원회는 어려움과 우유부단성, 무책임성이 더욱 심할 것이다.

행정에 관심이 있는 사람은 누구나 위원회 제도에 대한 장단점을 이미 알고 있을 것이다. 이중 일반적인 사항을 열거해보고자 한다.

위원회제의 단점

① 단일행정가에 비교하면 위원회제는 통상 느리고 수많은 인력과 시간이 소비된다. 이 단점은 회장이 토의사항을 회의 전에 회원들에게 배부하고 검토해보도록 하면 최소화할 수 있을 것이다. 시간절약을 위한 또 하나의 방법은 토의사항을 위해서 사전에 20분의 제한된 시간을 설정하는 것이다. 만약 이들 항목을 약정된 시간 내에 다 다루지 못한다면 후속위원회로 별도로 모일 수도 있다.

② 위원회는 책임이 분산되기 때문에 어느 한 사람이 위원회의 실책에 대한 비난을 책임질 수는 없다. 각 위원의 결정을 보완하는 길은 회록서기가 당시의 표결 결과를 각 제안 내용별로 정확히 기록하고 보전함으로써 어느 정도의 책임을 고정시킬 수 있다.

③ 결정이 항상 타협에 의해 나타날 가능성이 있다. 위원회 회원은 시간과 에너지 면에서 가장 합리적인 대안이 어떤 것이라는 사실을 알고 있을 것이다. 그러나 사회적인 압력과 위원회 자체 내에서도 '지연을 없애고' 또 '견해차를 좁히며' '빨리 결론에 도달'하기 위해서는 압력과 회원들 태도 사이의 타협안이 그 결과로 나타나기도 한다.

④ 위원회가 때로는 개인보다 더욱 신중을 기할 수도 있다. 이는 개인이 다루기를 꺼리는 사항을 취급할 때 자주 사용되는 방법이기도 하나, 바로 이런 이유 때문에 위원회의 결정이 자주 부당한 결과를 초래하게 된다.

⑤ 마지막으로 위원회는 효과적으로 이끌어 나갈 수 없다. 회장이 선출되었다면 위원회가 그에게 부여한 권한과 능력의 정도에 따라 위원회가 더욱 효과적으로 운용될 수 있다.

위원회제의 장점

교회 내에서 위원회 제도가 점점 중요해지고 또 이것이 민주적 생활 방식의 하나이기 때문에, 행정가는 단점에 맞서는 장점을 충분히 살리고 적응하도록 형성해야 할 것이다.

① 교회 전체에 영향을 주는 중요한 결정사항이 있다면 엄선된 위원회가 이를 맡을 경우 폭넓은 경험과 지식이 반영될 수 있다. 잠언 11장 14절에 "모사가 많으면 평안을 누리느니라"는 말씀이 있다. 각 상담자는 서로 불일치한 경우가 자주 있으며 이들의 정보도 상호 대립적이다. 따라서 위원회의 임무는 이들 정보를 수집 분석하고 또 조언도 받아서 만족한 결론에 이르도록 하는 것이다.

② 위원회는 계획운용의 평가에 바람직하다. 한 사람의 평가관은 자기중심적이거나 편견이 개입될 가능성이 있다. 또한 한 사람은 계획 전반에 대해 제한된 지식을 갖고 있기 때문에 다른 사람이 평가에 개입하게 된다. 더욱이 기독교 교육계획을 모든 측면에서 평가하고자 한다면 확실히 50~100시간 이상의 작업이 필요한 것이다. 이런 효율적인 평가계획을 위해 위원회 또는 평가단이 필요불가결한 것이다.

③ 위원회는 일반정책 수립을 위해 필요하다. 고찰되는 정책의 내용이 교과과정 선정이나 리더십 훈련계획 등 무엇이든 간에, 각 국(各局)의 대표자에 의한 종합된 판단이 질서 있게 이루어져야 한다. 만약 지도자가 정책형성 계층에 속하지 못한다면 그는 계획 자체에 의심을 품게 되고 그의 집행에 있어서도 미온적일 수밖에 없다.

④ 위원회는 잠정적이거나 무경험적인 지도자에게는 훌륭한 학습도구가 된다. 이들 지도자가 위원회에 참석하면 교회의 특수한 문제와 접하게 되고 또 교회의 신조와 임석한 지도자들의 다양한 개성을 접하게 되어 교회의 미래 리더십 준비를 위한 좋은 기회가 되는 것이다.

⑤ 위원회는 교회와 각 프로그램을 조정하는 기능도 있으므로 각종 생각과 제안된 활동에 대한 '청산소'의 역할을 하게 된다.

7. 요약

한 사람이 교회의 모든 업무를 처리하는 것은 불가능한 일이다. 그는 반드시 협력자가 필요하다.

행정가가 특정 임무를 부여하고 이로 인해 교회에 최대 유익을 돌리기 위한다면 어떤 기준이 필요하겠는가?

이 질문에 대한 해결책을 이 장에서는 세부적으로 설명하여 목사(행정가)에게 도움을 제공하고자 한 것이다.

① 조직이 커갈수록 행정가는 정책과 절차 면에 더욱 관심을 기울이고 세부사항에는 신경을 덜 써야 한다.
② 효과적인 행정가는 덜 중요한 임무와 책임은 위임하고 더 중요한 사항에 관심을 돌린다.
③ 책임의 위임에는 상응하는 권한의 위임도 따라야 한다.
④ 개인 또는 위원회에 대한 책임의 위임은, 위임자가 최종적인 책임까지 위임하는 것은 아니다.
⑤ 훌륭한 행정가는 잠정적 지도자의 교육을 위한 훈련계획을 활용함으로써, 교회가 이들을 필요로 할 때 책임을 위임할 준비를 갖춘다.
⑥ 조직 운영을 위한 표준절차와 위임된 임무를 기록하는 것(통산 핸드북에 포함된 내용)은 행정가가 더욱 창조적인 활동을 하는 데 시간을 투자하도록 허용한다.

제5장
리더십(1)

1. 인원 선발

　교회 교육계획을 위해서 우수한 지도자를 선발하는 것보다 더욱 중요한 일은 없을 것이다. 교육계획의 성공은 지도자의 능력에(교장, 교사, 스폰서, 기타 직원) 크게 좌우된다. 아무리 훌륭한 계획도 이를 실행할 좋은 지도자가 없으면 무참히 실패할 것이다. 지도자 후보에 대한 선별과 권고, 준비 및 평가는 담임목사나 교육지도자, 기독교 교육위원회나 이사회의 도움을 얻어서 결정해야 할 사항이다.
　확실히 지도자 선발 및 개발문제는 우리가 지도자의 속성과 개발에 대해서 잘 모른다고 해도 가용한 모든 지식을 활용해야 하며 또 이미 시작된 계획의 진전을 위해 지속적인 노력을 해야 할 것이다.

2. 선발을 위한 배경

교회의 주간 활동계획을 자세히 분석해보면 대부분 교육 분야에 집중되어 있음을 알 수 있다. 이럴 경우 목사나 기타 교회 지도자들이 교회의 교육적 임무를 위해 고찰하는 시간은 기본적인 사항이 된다. 그러나 이들이 교회의 공식위원회에서 교육문제를 토의하는 데는 최대의 시간을 소비하면서 교인들에게는 교육계획에 대한 언급을 별로 하지 않는다면, 교인들은 교육은 별로 중요한 사항이 아니라는 느낌을 가지게 된다. 이런 결과는 교인들이 교육사업에 봉사하기를 꺼리는 경향으로 나타날 것이다.

교회에 '교육적 분위기'가 조성될 때만이 교인들은 이 사업을 위해 헌신할 의무감을 느끼게 된다. 그러나 이런 분위기는 목사와 교회참모 그룹들이 교인과 불신자를 위한 교육의 중요성을 깨달을 때만이 이루어질 수 있게 된다.

교인은 교회가 진정 그리스도의 몸이라는 것을 깨달아야 한다. 그리고 각 교인은 자신의 교회뿐 아니라 전 인류를 위한 봉사를 통해서 하나님의 사업을 성취시켜 나가야 한다.

3. 선발 작업의 책임자

교육 지도자가 없는 작은 교회에서는 담임목사가 지도자의 발굴과 훈련에 대한 임무를 맡게 된다. 교육위원회가 있는 경우에는 위원들이 이 임무를 담당할 수도 있을 것이다. 이 경우에는 교사 및 교육 지도자의 선임은 몇 명의 위원이 하고 최종 승인은 위원회 전체가 하는 형식이 될 것이다.

규모가 큰 교회에서는 기독교 교육위원회가 투표로 교육 지도자를 선임하고 그에게 교사 임명 책임을 부여하게 된다. 교육 지도자가 없는 경우에는 위원회 또는 주일학교장이 이 임무를 대행할 수도 있다. 그러나 전체위원회가 최종 승인을 해야 한다.

리더(Reeder)는 다음과 같이 말했다.

"실제로 교장이 추천하고 위원회가 임명해야 한다."

행정가가 추천하고 위원회가 승인하는 원리는 공립학교에서 사용하는 것이다. 이는 일반 조직이론과 병행되어야 하며 우리 교회도 따라야 한다.

대부분의 교회에서도, 비록 위원회나 협의회가 지도자 모집과 훈련 계획에 대한 책임을 지고 있지만, 목회자도 여전히 이 결정적인 임무에 대해서 밀접한 협력을 하는 것으로 기대된다.

4. 교회 지도자 선발기준

지도자 선발의 첫 단계는 기독교 지도자의 특성을 결정하는 일이다. 다음에 열거하는 것이 일반적인 지침이 될 것이다.

영적이어야 한다

이 특성은 교회사업에서는 필수적인 요소이다. 버나드(Barnard)는 도덕성(정신적인 것을 포함)이 기업세계에서도 중요한 것이라고 주장한다. 그는 "도덕성이 낮으면 리더십은 오래 존속될 수 없다. 그의 영향력은 금방 사라진다"고 말했다. 하물며 교회 지도자직에 있는 자에게 예수 그리스도를 구주로 받아들이는 고도의 도덕성은 더욱 중요하다고 하겠다. 누구든지 그가 그리스도의 복음을 깊이 체험하는 내부적인 뿌리가 없으면 하나님께 헌신할 수 없다. 따라서 지도자의 영성(靈性)은 기본적인 자격요건이 된다.

교육적인 속성을 지녀야 한다

이 말은 지도자는 천성을 타고나야 한다는 뜻이다. 비록 그의 교육적 배경이 제한적이라고 해도 빨리 배울 수 있고, 그가 숙지한 분야에 대한 포괄적인 판단을 내릴 수 있으며, 또 부가적인 책임을 충분히 감당할 여유가 있으면, 그는 충분히 교회의 잠정적 지도자가 될 수 있다고 본다. 비록 열거한 속성들이 한 개인의 교육성을 판단하는 부분적 척도에 지나지 않지만, 그가 지닌 특성을 결정하는 실마리가 된다. 여기에 교육성의 세 가지 측면이 추가 되어야 한다. 즉 그는 말을 유창하게 구사할 수 있어야 하며, 읽고, 쓰기를 또한 잘해야 한다.

협력적이어야 한다

오늘날 일반사회 직장인들이 지식과 기술이 부족할 뿐 아니라 사회성에 대한 이해부족과 타인들과 비협력적인 무능함 때문에 직장에서 해고되는 경우가 허다하다는 것은 상식적인 문제다.

기술은 우수하나 비협력적이고 관용이 없는 자를 지닌 조직은, 기술은 부족하나 관용적이고 협력적인 조직보다 생산성이 오히려 떨어진다. 만약 다른 사람보다 더 훌륭하게 일할 수 있는 적격자가 있다면, 이들에게 그 능력과 일치하는 직책이 부여되어야 할 것이다. 채프만은 관리 수준에 대해서, "타인을 이해하는 사람들에 의해 결정되어야 하며 이것이 리더십의 열쇠가 된다"고 언급했다. 하나님의 포도원에서 일하는 우리들은 이 능력이 가장 중요한 리더십의 열쇠가 된다고 할 수 있을 것이다.

헌신하는 정신을 지녀야 한다

이 속성은 사업계획 또는 이에 종사하는 자들을 위해 자신을 바치는 행위로 정의될 수 있다. 자신을 하나님께 바친다는 말은 자신을 하나님의 사업을 위해 따로 떼어놓는 것을 뜻한다.

헌신적인 사람은 책임성과 충성심 모두를 지니고 있다. 책임성이란 일단 업무를 부여받으면 어떤 장애요소가 있더라도 극복하고 계획대로 수행해 나가는 것을 말하며, 충성심이란 계획을 자신의 것으로 받아들이고 가장 미세한 사항의 실천에도 자기의 진실을 보이는 것이다.

책임과 충성심이 없다면 행정가는 태만해지기 되고 인원과의 의사소통이 이루어지지 않는다. 계속적인 인내를 요하는 자와 자기 임무에 무관심할 뿐 아니라 계획에 성의가 없는 자는 자신의 업무를 신뢰와 헌신으로 받아들일 자세를 갖출 때까지 책임을 부여하지 않는 편이 좋을 것이다.

열성이 있는 자

열성은 무엇인가? 이는 한 사람이 목표를 추구하는 데서 그의 낙(樂)을 찾는 것으로 규정되는 마음적 속성이다. 한 사람이 자신의 일을 하는 것을 즐겨하는 것은 물론 열성을 불러일으키는 첫 단계가 되지만, 그는 또한 그의 즐거운 느낌을 남에게 알 수 있도록 표현하는 것도 중요하다. 비록 그가 훌륭한 교육을 받았고 그 일에 경험도 있다 해도, 이 속성이 결핍되어 있으면 그의 지도자적 지위를 효과적으로 수행하는 데는 상당한 어려움이 있을 것이다. 이는 특히 청년들과 하는 일에서 더욱 심하다. 청년들은 독립정신이 강해서 훌륭하고 열성 있는 리더십이 없는 활동에는 참석하기를 꺼린다. 한편 장년들은 열성이 부족한 지도자를 관용으로 대할 수 있으며, 어린이들은 자신의 힘으로 환경을 변화시킬 수 없기 때문에, 이런 경우 그는 참게 된다.

가장 이상적인 것은 가능한 모든 연령계층에 열성있는 교사와 지도자를 배치하는 일이다.

5. 직무 기술서

조직인사에서 가장 중요한 원리 중의 하나는 직무를 개인에 따라 맞추는 것보다는 개인을 직무에 맞도록 적응시키는 것이다. 이런 원리를 적용하면 비록 지도자가 자주 바뀐다고 해도 기본적으로 조직구조의 안전성에 기여하게 될 것이다.

① 수행을 위해 요구되는 임무와

② 인원이 필요한 시기와 숫자를 모르는 상태에서는 장래 행정가의 교육을 위한 계획수립이 불가능하다는 결론이 나온다.

따라서 현재 조직구조상 필요한 직무의 종류와 장래에 추가적으로 필요한 직무를 결정하는 것은 필수적이다.

만약 행정가가 이상적인 조직구조를 마음에 청사진으로 새기고 이를 목표로 설정한다면, 그는 현재보다 더욱 효과적인 조직을 이루는 방향으로 전진하게 될 것이다.

조직에서 직위설명서와 수반되는 의무와 함께 각 직위에서 요구되는 일반적 자격요건이 기록되어야 한다. 어떤 종류의 사람이 이 직무에 가장 적합한가? 이 직위에서 요구되는 기술은 무엇인가? 얼마나 많은 양의 훈련이 필요한가? 등의 질문에 대한 해답이 기술되어 있어야 한다. '이상적인' 사람을 해당 직위에 배치하는 것은 어려운 일이므로 자격요건을 가장 만족시킬 수 있는 자를 선발해야 할 것이다. 만약 요구조건을 조금이라도 만족시킬 수 있는 자가 없을 때는, 훈련 또는 배치될 때까지 선발을 연기할 수밖에 없다.

6. 리더십의 자료

교육계획에 있는 직위를 맡을 수 있는 자격 있는 지도자를 어디서 획득 할 수 있는가? 목회자나 행정가는 교사, 후원자, 그리고 교육종사자를 위해 어떤 자료를 찾아야 하는가? 교호에서 도움 되는 자료는 다음과 같다.

새신자

아마도 리더십의 가장 결실 있는 자료는 새신자를 위한 목회자의 직접상담일 것이다. 목회자는 이를 통해서 새신자에게 교회에 대한 태도와 각 교인이 그리스도의 지체로서의 위치 등을 가르쳐준다.

목회자는 또 교회의 목표와 계획을 설명하고 그의 계획과 직무의 종류를 열거한 설문지를 새신자에게 배부하고 각 개인이 봉사하고자 원하는 직위를 표시할 수 있는 여백을 둔다. 이 양식은 회수해서 참고철에 보관해둔다.

이것이 지도자 발굴과 동기부여, 그리고 선발을 위한 가장 효과적인 방법으로 생각된다. 일단 교인으로 등록된 후에는 그리스도의 사업을 위해 같이 나누어야 할 특권과 책임을 느끼도록 하는 것이 좋을 것이다.

이런 이유로, 새신자반은 교육계획을 위한 리더십의 가장 중요한 자료가 된다.

교회직원

통상 현직 및 전직 교회직원은 교육 지도자 위치에서 봉사해온 지도자적 속성을 지니고 있다.

위원회 회원직을 2~3년마다 순환보직 시키는 교회에서는 이때 전직 위원을 설득해서 교사 임명 또는 계획상의 기타 직책을 맡길 수 있으나 이는 제한된 기간 내의 대치교사가 될 것이다.

리더십 훈련과정 등록자

대부분의 교회는 리더십 훈련학교를 계획하거나 참가하고 있다. 교회에서 실시하는 대부분의 훈련과정은, 현직자들 뿐 아니라 성경과 선교사업에 대해서 배우고자 하는 자들로 포함된다.

성경에 나타난 하나님의 계시를 아는 지혜는 효과적인 기독교 봉사를 위한 기초가 되므로, 리더십 과정에 등록한 자는 등록하지 않은 사람보다 더욱 확실한 기독교 사업의 기반을 다지게 된다. 더욱이 이런 계획에 참여하는 자는 순전히 자발적이기 때문에, 등록자들은 교회가 요구할 때 응할 수 있는 충분한 동기가 부여되어 있는 상태이다.

주일학교 직원

리더십 기능의 가장 생산적인 영역 중의 하나는 주일학교이다. 리더십 후보자의 자격이 없어 보이는 자도 자기의 천부적인 소질을 개발하고 남을 인도하는 자세를 개발하는 데 자신을 투자할 수 있다.

어떤 교회에서는 목회자나 교육 지도자가 청·장년부를 포함한 모든 교사들의 능력에 대한 특별한 기록을 유지한다.

만약 '어떤 사람'에게 유능한 지도자가 되기 위한 기회가 주어졌다면 그는 자신의 능력을 더욱 발전시킬 수 있는 훈련의 기회를 제공받게 된다. 그의 리더십 능력이 충분히 개발되면 그는 더욱 중요하고 책임 있는 직책을 맡을 수 있을 것이다.

기독학교의 학생

기독교대학이나 연구원은 교회의 위치와 통근거리 내에 있어야 한다. 목회자는 학생들과 유능한 회원들의 교회 교육 프로그램에 참여할 수 있도록 최선의 노력을 다해야 한다.

대도시의 중심부에 자리 잡고 있는 규모가 적당한 교회는 가장 우수한 지도자를 확보하는 일이 필수적이며, 따라서 지역 내의 교육기관을 흡수하려고 한다.

여러 교회가 상근직 직원(full-timer staff)뿐 아니라 학교 인원을 채용하는 것은, 훌륭한 지도자가 더욱 효과적인 프로그램에 기여할 수 있다는 생각 때문이다.

교회 방문자

매년 수만 명이 이사를 하는 것으로 추산된다. 이 유동인구 중에는 유능한 지도자로서 교회에서 봉사한 경험이 있는 자도 포함되어 있을 것이다. 만약 이들이 자신의 리더십을 계속 발전시키고자 한다면 자기가 가장 효과적으로 봉사할 수 있는 교회를 찾아다닐 것이다. 만약 아무도 자기 집을 방문한 사람이 없거나, 또 자기의 잠정적 지도능력에 관심이 없었다면, 자신이 능동적으로 활동할 수 있는 교회를 찾기 위해 또다시 방문하게 될 것이다. 이런 이유로 리더십의 발굴 개발을 책임진 자들은 교회 내에 들어오는 방문자들을 결코 경시해서는 안 된다. 때로는 이들이 교회가 찾고 있던 은사와 기술을 지닌 자일 수도 있기 때문이다.

7. 지도자의 발굴

준비작업

후보자로서 직무에 필요한 주요 특성을 열거한 후에는, 이들의 발굴을 위해서 온갖 노력을 경주해야 할 것이다.

개인과 직무를 연결하는 것이 목표이다. 리더(Reeder)는 공립학교의 교사 선택에 대해서 "직책을 교사에 맞추기보다는 교사를 직책에 맞추어야 한다"고 했다. 이 원리는 교회학교 교사 및 기독교교육 지도자 선택에 있어서도 마찬가지로 적용된다. 만약 개인이 특정 능력을 소유하고 있다는 유력한 증거가 있다면, 그의 능력을 활용할 수 있는 방면으로 토론하는 문제에는 관심을 나타낼 것으로 보인다.

면담자는 다른 사람이 있는 앞에서 후보자에게 말하는 것은 피해야 한다. 주님의 사업은 신성한 것으로 세심한 주의를 요한다. 교회사업에서 사람을 선발하는 수단으로서 개인면담과 비교될 방법이 없으므로 최선의 분위기를 조성해야 할 것이다.

개인접촉을 많이 할수록 긍정적인 대답을 얻어낼 확률은 높아지는 것이다. 면담을 할 때는 직무 기술서와 그 사람과 관련되는 직책의 목록을 반드시 휴대해야 한다.

성급하고 분별없는 접근을 할 때는 피면접자도 성급한 거부반응을 일으킨다. 후보자는 여러 가지 이유로 인해서 모르는 사항에 대한 의심과 두려움이 생기게 되고 따라서 직책을 거부하게 된다. 리더십 능력이 많은 사람일수록 그의 시간을 위한 요구사항은 더욱 많을 것이다. 만약 그가 시간과 노력 면에서 자기의 수준에 맞지 않는 임무를 맡도록 요청받게 되면, 그가 가용한 시간 이상을 투자해야 하는 것으로 생각할 것이다. 그러나 시간적 요소와 포함되는 의무 등을 나타낸 직무 기술서가 준비되어 있다면, 그는 아마도 자신의 바쁜 업무 가운데 이를 포함시키는 데 동의해올 것이다.

면담

면담자가 후보자에게 접근할 때는, 모든 기독교인이 그리스도의 지체라는 사실과 교회를 이루어 나갈 사명이 있다는 사실을 충분히 인식하고 또 믿어야 한다. 따라서 그가 방문해서 말할 때는 자신이 그리스도의 종으로서 교회계획을 위한 후보자를 찾는 사랑으로서의 행동을 취해야 한다. 그래서 그가 하나님의 선물로 받은 재능을 적절히 활용하도록 해야 한다.

목회자(면담자)는 사전 참고내용을 몇 가지 말하고 난 후에 방문배경을 설명해야 하며, 후보자와 충분히 접근되었다고 생각되면 효과에 대한 기술서를 작성한다. 그 후 사업의 속성과 소요시간, 그리고 대상 인원 또는 그룹, 또 가용한 계획자료들에 대한 간략한 설명을 한다.

일반교인이 훌륭한 교과과정을 짜내기는 힘든 일이다. 따라서 그 집단이 충분히 획득 가능한 교과과정 또는 계획을 제시하는 것은 필수적이다.

처음에는 후보자가 꺼리는 것같이 보일지라도, 교과과정이 그에게 제시되면 어느 정도 확신을 가지게 되고 또 내용을 다룰 수 있는 기회가 주어지면 계획에 대한 의심도 거두게 된다. 그러면 그는 잠정적인 동의를 할 것이다.

여기에서 자료에 대한 체계적인 설명도 필요하다. 목회자가 면담을 할 경우 이 문제에 대한 충분한 지식이 없다면 교과과정에 대한 질문이 나올 때 후보자는 의문을 가지게 될 것이다.

후보자가 주로 나타내는 거부사항은 다음과 같다.

① **무능력** : 목회자는 이 경우, 후보자에게 일을 시작할 수 있는 능력이 충분히 있다고 협의회가 인정했으며, 또 임명된 후에도 부가적인 리더십 훈련과정을 수료하면 더욱 우수한 능력을 지니게 될 것이라고 이해시켜야 한다.

② **직무를 모른다** : 계획자료를 설명한 후에는 국장, 교육지도자, 또는 기독교 교육위원장이 여러 주일 동안 후보자와 같이 일함으로써 그가 독립적으로 일해 나갈 수 있다는 느낌을 가지도록 해야 한다.

③ **너무 바쁘다** : 이때는 그의 계획에 대한 변경 내지는 조정을 할 수 있는지의 여부를 질문해야 한다. 면담자 및 관련 교인들은 교회 일이 세상일보다 더 중요하다는 사실을 확신해야 한다. 그 이유는 우리가 이 땅 위에서 올바른 인간관계를 가지고 더욱 소중하게 살아가도록 준비시키기 때문이고, 또한 영원토록 하나님과 동거하도록 준비시키기 때문이다.

④ **가족 책임** : 이 문제 역시 기독교 교육계획에 참여하는 데 제한적인 요소가 된다. 이 경우에는 간단한 임무를 부여할 수도 있다. 흔히 처음에는 적은 임무를 부여받은 자가 나중에는 교회 사업의 목표, 활동, 직원 등을 알게 되면서 장래에 교회의 지도자가 될 수 있다.

면담을 하는 목회자나 교육 지도자는 다양한 기능직책을 준비해서, 처음 제시한 것이 책임이 무거우면 좀 낮은 것을 제시해야 할 것이다. 그러나 전체 면담을 특징 짓는 태도는 이 사람이 그리스도의 지체로서 어느 기능을 담당해야 하는가를 발견해내는 것이다. 만약 개인 대 개인의 접촉이 이루어지면 리더십 문제에 대한 해결책은 금방 나타날 것이다.

8. 새로운 지도자의 취임

초기 안내

일부 교회에서는 새로 임명된 지도자가 그룹을 방문하도록 함으로써 그가 해나갈 사업계획에 대한 윤곽을 파악하도록 한다.

새로운 인도자가 타인의 안내 없이 일을 맡게 되는 것은 최악의 조건이라고 할 수 있다. 직접적인 도움을 제공하지 못한다면 적어도 기독교 교육핸드북에는 다음 사항을 포함시켜야 한다.

① 계획의 목표 ② 자료 정리 ③ 시청각 교재 구입처
④ 계획된 활동의 소요시간 ⑤ 비상조치 ⑥ 아플 때 찾을 사람
⑦ 기록보존 ⑧ 업무 및 기타 공식위원회 출석규칙
⑨ 때때로 발생되는 문제점 해결을 위한 자문요원

새로운 인도자는 이런 구두 및 서식의 도움을 받아서 자기 업무에

대한 신뢰성을 높일 수 있을 것이다.

지속적인 안내

새로운 지도자가 여러 주 동안 일해왔지만 교육 지도자나 목회자는 주기적인 비공식 방문을 해야 한다. 신규 지도자가 더 이상 도움을 바라지는 않지만 그리스도의 종으로 봉사하기 원하는 경우에는 그의 사기가 더욱 올라갈 것이다. 만약 이것이 가용하지 않다면 주일학교 교사 또는 기독교 교육위원이 신규 지도자에게 유익한 도움을 제공하도록 해야 한다. 그러나 가장 중요한 것은 신규 지도자가 교사, 스폰서, 기타 어느 직원이든 그가 도움이 필요할 때는 항상 조언을 제공할 수 있도록 하는 교회 참모의 '개방정책'이다.

제6장
리더십(2)

1. 훈련 및 확보

최근에 나오는 책과 간행물을 보면 기독교 교육 분야에서 '리더십 훈련'과 '교사 훈련'은 동의어 또는 상호교차적으로 사용되고 있음을 발견할 수 있다. 그러나 실제적으로 '리더십 훈련'이 더욱 포괄성을 지닌다고 하겠다. 이는 청년 스폰서, 집사, 장로, 이사, 기타 교회 직원뿐 아니라 기독교 교육계획상의 교사를 포함한 전체 인원을 교육하는 것을 뜻한다. 따라서 '리더십 훈련'이란 더 넓은 개념으로 교사뿐 아니라 리더십이 요구되는 인원을 포함한다고 생각해야 할 것이다.

2. 리더십 훈련의 필요성

　기업세계에서도 리더십 훈련은 장기계획의 수립과 더불어 지속적인 개발을 해나가야만 그들이 공석 중인 행정직원을 보충해 나갈 수가 있다.

　우리 주님께서도 신약 교회의 초석이 되는 12제자들의 리더십 역할 훈련을 위해서 3년간의 긴 세월을 소비하셨다. 리더십 훈련은 어렵고도 시간이 많이 소모되는 과업임을 알아야 한다. 이 사항은 여태껏 교회계획의 중요한 분야로 다루어져 왔으며, 현재 이후로도 계속 중요시되어야 할 것이다.

　리더십 훈련을 실제적인 봉사에 제한된 것으로 보통 생각하고 있지만, 우리는 활용되는 교육 및 행정철학의 관점에서 조직의 모든 계층에 속한 교인들을 교육시켜야 한다.

　전 인원에 대한 훈련의 중요성과 이의 보편적 관점, 그리고 조직을 위한 철학을 상기해보자.

　"훈련직원 등의 모든 계층이 직원을 위한 훈련을 경시하는 것은 오만한 태도이다. 그 이유는 훈련생들이 새로운 기술을 배운다는 측면에서뿐 아니라 공통적인 방법을 배우고, 진실한 상호협력을 위해 기본적인 문제들을 바라보는 관점과 그 해결책 모색에서 서로 유사한 점을 얻을 수 있기 때문이다."

　교회 내의 모든 계층의 인원에 대한 교육은 신앙과 지식을 형성한다. 행정절차와 기술은 습득함으로써 지식을 개발하고, 하나님의 말씀을 이해하며 계획에 대한 신학적인 뒷받침을 제공함으로써 신앙을 증진시킨다.

3. 지도자 훈련 방법

연례 혹은 반기 리더십 훈련계획

기독교 교육계획 내의 장기계획에는 연례 혹은 반기 리더십 훈련계획이 포함된다. 만약 이 과정에서 유능한 사람이 가르치고 훈련에 관한 정확한 차트를 작성 유지한다면, 교회 리더십을 위한 훌륭한 기반이 될 것이다.

주님이 제자들에게 명령하신, '모든 민족을 제자로 삼으라'(마 28:19)는 말씀은 오늘의 우리에게도 하신 말씀이다. 교회에서 리더십 개발을 위한 교수계획은 적어도 전통적으로 다음 사항을 이해할 수 있도록 짜여져야 한다.

① 성경 연구
② 신학 연구
③ 교회사 연구
④ 실제적인 연구, 즉 전도, 교수방법, 행정, 찬송가학 등이다.

따라서 교회는 1~4차년도의 장기계획을 제안할 수 있다. 리더십 교과과정은 충분히 공개되고 매년마다 향상되어서, 교인들이 리더십 훈련을 계획된 기독교 교육계획의 통합적 부분임을 알 수 있도록 해야 한다.

선발 면담

선발 면담에는 통상 자료사용과 목적의 가치, 그리고 일반적일 계획 등에 대한 소개가 포함된다. 그러나 후보자나 새로운 인도자를 위한 학습절차는 면담으로 끝나는 것이 아니고, 이 장에서 지적하는 바와 같이 교회의 전체적인 리더십 교육계획의 한 측면일 뿐이다.

연례 오리엔테이션 회의

많은 교회에서는 신년도에 새로운 임무를 부여받은 교회 직원들을 위한 오리엔테이션 회의를 개최한다. 이때 목회자는 계획과 교회의 일반적 조직, 교회참모와 직원과의 특수한 상관관계 등에 대한 간략한 설명을 하게 된다. 이런 사업은 주로 토요일 오전이나 오후쯤에 잡아서 계획에 대한 충분한 이해와 충성심을 불어넣어야 한다. 이 기간에는 새로 임명된 직원뿐 아니라 협의회와 위원회 그리고 우수한 직원들도 참가하도록 해야 한다. 계획상으로는 당일 협의회나 위원회나 별도로 모일 수도 있으나 최종적으로 같이 모일 수 있도록 해야 한다. 참가자들은 교회규칙, 핸드북, 이전계획, 그리고 기타 조직의 자료와 절차의 사용 가능성 여부를 세밀히 검토해야 한다.

비공식 그룹 훈련

이는 교육위원회나 협의회의 공식모임에 봉사하는 직원들이 포함된다. 비록 학문적 의미에서 강의나 토론은 없지만 책임자들이 필요한 정보를 교환할 수 있는 좋은 기회가 된다.

따라서 목회자나 기타 참모들은 이 회의를 통해서 개인에게 고도의 동기를 불러일으키고 제출된 자료를 이해하며 배우는 의미 있는 장소로 이해해야 한다.

잠정적 인도자들이 문제해결을 위한 과정에 직면하게 되면 일반적인 상황과 동태를 더욱 잘 이해하게 되므로 책임감을 더욱 느끼게 된다.

반기 프로그램 기획회의

기획회의의 일반목적은 포함된 기간 내의 세부활동을 개략적으로 설정하기 위함이다. 이 회의에서는 다음 6개월 또는 1년간의 계획을 작성해야 한다.

모든 교인들은 교육적, 정치적, 사회적, 그리고 상업적 그룹과의 관계로 매우 분주하다는 것을 기억해야 한다. 따라서 6~12개월을 내다볼 수 있는 조직기획은 교회 프로그램에 대한 정확한 지원과 협력을 보장받을 수 있을 것이다. 그러나 조직을 무시한다면 계속적인 수정을 해야 할 것이다.

대부분의 교회에서는 통상 전반기 6개월은 세부적으로 계획하고 후반기는 일반적인 계획만 세우는 경향이 있다. 이렇게 함으로써 각 교회는 계획의 이중적 작업을 피하고 또 사전에 기획된 계획을 짜는 데 자신을 몰두할 것이다.

공동체 또는 시 단위 리더십 학교

주로 이들 학교는 공동체 또는 작은 마을에 있는 주일학교 교사의 훈련을 위해 마련되었다. 이 학교는 초종파적 기관에 의해 후원을 받는다. 학교의 구성원들은 영력 있는 대변인, 주고사, 목사, 신학교 교수, 그리고 뛰어난 지도자와 기독교 교육목사로 이루어져 있다.

교회들이 일반적으로 가장 적합하다고 생각하는 시간으로 훈련학교 회의에서 나타난 형태는 매주 월 또는 화요일에 5~10주간 교육받는 것이다. 많은 성공사례를 보면 두 시간을 1교시로 하는 수업을 매월요일 저녁마다 5주간 하는 것이 좋은 것으로 나타났다. 동기유발도 5주 동안에는 높은 수준이 유지되나 10주 계획에서는 줄어드는 것으로 나타났다.

교과과정은 행정학, 교수법, 학생 이해, 캠핑 절차, 교보 재활용, 성경 인용법 등이다.

선택적 성경과정

성경공부에 대한 관심도의 증가로 인해서 대학생과 청년층은 신구약 공부시간을 주일학교 교과과정에 보충시키고 있다. 일정 기간 동안 창세기, 욥기, 시편 일부, 사도행전, 로마서, 히브리서, 가능하면 요한계시록까지 강의를 받는다. 여기에다 신구약에 관한 개괄적인 설명을 겸하게 되면 장년들은 자신의 성경지식에 확신을 갖게 되며, 자신이 잠정적 교사 또는 인도자가 될 수 있다고 생각하게 된다.

이와 같이 청장년의 성경교육에 시간과 금전을 투자하는 일은 교회가 크게 유익을 얻게 된다. 이는 성경학적, 경쟁적, 결정적, 그리고 역동적 기독교 리더십을 제공하게 되는 것이다.

교회 도서관

그리스도와 그의 몸 된 교회를 위해 가장 효과적으로 봉사하려고 지능적 관심을 가진 교사와 인도자는 자주 양서를 읽는다. 모든 교회는 도서관에 주석(건전한 것과 비판적인 것 모두), 성경도해, 성경사전 및 백과사전, 교회사와 선교 교재를 배치해야 한다. 여기에는 또한 변증론, 상담학, 전도학, 찬송가학, 행정원리, 그리고 레크리에이션 및 사회적 계획에 대한 표준서식도 배치해야 한다.

이런 서적을 교회 도서관에 비치하고 또 이들에게 알려 읽히면 리더십과 프로그램의 질(質)은 지속적으로 향상될 것이다.

기타 교육계획 관찰

지도자의 질을 높이는 좋은 방법은 이들을 착실히 성장하고 있는 교회에 보내서 관찰하도록 하는 것이다. 계획운용에 대한 내용을 듣거나 읽어서는 깨닫지 못하는 사람도 실제로 움직이고 있는 상황을 보면 이해와 의욕이 있다.

지도자는 필요에 따라 그의 임무를 부하에게 위임함으로써 자신은 다른 프로그램을 분석해야 할 것이다. 만약 그가 교회의 방문자로 선택되었다면 그 자신의 분야를 향상시킬 수 있는 창조적인 아이디어를 찾아와야 할 것이다.

공식 학문적 기업

평신도들이 기독교 학교에 등록해서 교회업무를 더욱 적절히 대처해가는 것을 습득하는 것은 바람직한 일이다. 이들은 신학연구원, 성경대학, 그리고 성경기관에서 성경신학과 실천신학을 연구하게 된다.

또 이들이 주·야간 학교에서 공부하는 과정이 쉽다면 지도자는 입학을 하도록 권유해야 한다. 이런 종류의 기관은 특히 리더십 자세와 기술 개발에 도움이 되기 때문이다.

교회 교범

교인들의 유동이 심할수록 핸드북이나 교범이 교회운용에 효율적인 기본이 될 것이다. 이런 책자의 도움이 없다면 목회자나 기타 참모들은 새로운 인원의 계속적인 유입 때문에 반복적인 교육 프로그램 수행의 책임을 져야 할 것이다. 또한 많은 사람들이 자주 자기의 기본 임무를 망각할 때도 있기 때문에 필요하다 그뿐 아니라 필요할 때 사용 가능하므로 통상적인 사항에 대한 시간 소비적 회의가 자주 열리는 것을 막아준다.

대리교사

일부 교인들은 가르치는 임무를 부여하면, 부적당 또는 무경험을 이유로 거절한다. 이런 경우에 대리교사의 임무를 맡긴다면 실패의 두려움 없이 자기의 가르치는 기술을 시험할 수 있을 것이다. 또한 자기의 가르치는 은사를 향상시키기 위한 수단도 되어서 시간만 허락되면 필요한 자격을 갖추는 기회도 되는 것이다.

이런 종류의 계획을 위한 대리교사를 확보하기 위해서는 목회자나 교육 지도자는 이에 필요한 사항을 알고 있어야 한다.

① 매년 필요한 리더십 훈련 등록자 결정

② 장래 참고를 위해 리더십 과정 등록자 명부를 유지해야 한다.

4. 교회 지도자 확보

행정절차

유능한 지도자 확보를 위한 가장 중요한 방법 중의 하나는 계획의 수립과 지시에서 민주적인 방법을 적용하는 일이다. 이것은 관련자들에게 영향을 주는 계획이나 의사결정을 할 때에는 모든 지도자가 참가해야 한다는 것을 의미한다.

교회 직원들이 교회 계획에 대한 소속감을 가지는 한, 교회를 위한 봉사에 대해서 만족을 찾을 수 있어야 한다. 그러나 그가 규칙이나 교범, 절차 등이 비개인적 관계의 분위기를 유발시켰다고 느낄 때는 자신은 중요하지 않은 존재로 생각하게 된다. 만약 과도한 짐을 진 이 사람이 유보되었다면, 그가 조직의 중요한 부분으로서 계획수립과 의사결정을 하는 데 도움을 주고 있다는 사실을 느끼도록 민주적 절차를 적용해야 할 것이다.

리더십 보존을 위한 또 한 가지 행정 정책은 여름 휴가로 2~3주간과 9월에서 이듬해 6월 사이에 매 4~5개월마다 1주간의 휴가를 교사들에게 허용하는 방법이다. 만약 교회가 교사와 스폰서에 대해서 연간 5~6명이 빠져서는 안 된다고 생각한다면, 많은 지도자와 그의 가족들이 그리스도의 사업을 위해서 계속적인 희생을 하게 됨을 고려해야만 한다. 훌륭한 지도자를 잃게 될 경우 일반적으로 대치했을 때 계획에 미치는 영향의 감소도 고려해야 한다.

대리 봉사를 위한 대리인을 뽑고, 휴무 형식의 주일 또는 계획된 휴가의 제안을 통해서 더욱 유능한 지도자 확보를 위해 노력하는 편이 훨씬 좋지 않을까? 이는 가능하다고 믿는다.

확보는 또한 효율적인 구매 계획을 통해서도 가능하다. 교회는 합리적인 행정을 통해서 필요시에 사용할 수 있도록 해야 할 것이다.

간단히 말해서, 행정가들이 지녀야 할 태도는 영적이어야 한다. 그리스도의 지체인 동역자의 '짐을 서로 나누어 담당'하는 것이어야 한다. 만약 행정가의 태도가 긍정적이어서 "내가 어떻게 이 조직을 위한 일꾼을 선발하고 확보해감으로써 나의 짐을 가볍게 할 것인가?" 하고 생각하는 대신에 "개인 자신을 그리스도를 위해 바치고 그리스도의 지체된 우리들이 그리스도의 사업을 어떻게 효과적으로 해나갈 수 있을 것인가?"라는 생각을 지닐 때 교회는 동태적으로 발전할 것이다.

교훈적 절차

학생들은 텔레비전, 라디오, 서적·출판물의 폭발적 증가와 함께 이것이 속성면에서 진실인가 또는 거짓인가 의심하는 상황을 계속적으로 접하게 된다. 이 또한 성경과 실제 생활상의 문제와의 관련성에 대한 질문도 유발시킨다. 우리 교회의 지도자들은 이런 질문에 대한 해답을 제공하기가 점점 더 어렵다는 사실을 발견하게 된다. 이로 인해 학생들은 존경과 교회에 대한 관심을 상실하게 된다. 특히 학생들 앞에서 질문을 받은 교사는 해답을 하지 못해서 당황하는 경우가 있고, 가능한 한 이런 기회를 피하려 한다. 이에 대한 해결책은, 교사가 교수과정에서 유발될 수 있는 모든 질문사항에 대한 해답을 제공할 수 있도록 사전에 이런 주제를 다루게 하는 것이다. 다시 말해서 교사는 학생들에게 존경과 신뢰를 받을 수 있어야 한다.

교사는 공립학교 교사와 맞서서 이런 질문에 해답을 할 수 있어야 한다. 이 준비는 교회의 리더십 훈련과정에서 나와야 한다. 교회는 이에 따른 참고 서적을 구입해서 교사들에게 배부함으로써 개인들이 보관하다가 필요시 볼 수 있도록 해야 한다.

만약 교훈적 프로그램이 청장년이 예수 그리스도를 구세주로 영접할 수 있도록 하는 내용의 목표를 가진 전도 강조를 포함하고 있다면, 더욱 지도자를 감동시킬 것이다. 전도적 정신을 지닌 교회는 범죄하는 마음, 비윤리적인 행동, 그리고 경멸적인 생활이 하나님의 능력에 의해서 변화될 것이다. 성경에서는 거듭난 자가 그리스도의 형상을 닮아가도록 역사해주실 것이다. 기독교 지도자는 바른 부부관계, 청년들의 그리스도께 헌신, 그리고 성인들의 상거래의 행위 등 모든 영역에서 기독교 신앙원리를 실천하게 됨을 볼 것이다. 교회와 지도자가 이 변화에 대한 증거자가 된다면, 이들은 교회계획의 실천을 위한 끝없는 노력과 희생을 투자한다 해도 지상에서 가장 고귀한 임무를 깨닫게 될 것이다.

요약하면 교사 확보에는 적절한 행정과 이 사업의 주된 강조점을 전도로 하는 적절한 교훈적 계획을 실시하는 것에 있다.

5. 리더십 능력평가

평가의 필요성

교회는 왜 반드시 평가를 해야 하는가? 리더십 능력평가에 대한 이유 중의 일부는 다음과 같다.

① 지도자가 그의 임무를 부여받을 초기에는 가르침이나 지도하는 관심이 아주 높은 상태였으나 결과가 비효율적으로 나타나게 되면 사기가 저하되는 경우도 있다.
② 담당자의 나이가 많아짐에 따라 프로그램 행정가도 모르는 사이에 그의 정신적 육체적인 능력이 감소되어 비효과적으로 된다(지도자 밑에 있는 사람들은 금방 느끼게 된다.)
③ 급속히 성장하는 교회의 경우, 그룹과 부서가 확장됨에 따라 이를 감당할 충분한 능력이 없는 경우가 있다.
④ 궁극적인 이유는 지도자에게 도움이 요구될 것이나 이를 거부할 것이기 때문이다. 이런 경우에 상태가 악화되기 전에 필요성을 평가해야 되는 것이다.

평가자는 그가 목사, 교육 지도자, 평신도 중에 누구든지 개인이 받은 은사와 지닌 기술과 자세를 가장 유익하게 활용할 수 있도록 조력하는 원리를 따라야 한다. 평가자의 임무가 개인을 판단하고 사직을 권유하는 것만이 아니고 작든 크든 개인이 하나님께 받은 은사를 활용하도록 권유하고, 안내하고, 또 도와주어야 할 것이다. 따라서 우리는 한 사람의 직책을 변경시킬 때는 더욱 적합한 자리를 마련해주어서 성경적 원리에 따라야 한다.

물론 예외는 있겠지만 오늘날 일반적인 경우에서는 해고보다는 그 사람에게 적절한 위치를 찾으려고 노력한다. 기독교 단체에서도 회원을 위한 적절한 위치를 기도하는 마음으로 찾는 일이 행정가의 위무요 책임이 되어야 한다.

평가방법

리더십 평가방법 중에는 회원의 구두 보고, 행정과 말에 대한 속기 보고, 등급 평가, 테이프 녹음, 통신 시스템에 의한 감청, 그리고 학생들의 시험성적 등에 의한 것들이 있다.

교회 지도자 선발문제를 잘 아는 사람은 대부분 위에 열거한 방법들을 좋아하지 않는다. 교회의 어느 조직이든 그리스도의 사랑으로 자발적으로 봉사해야 한다. 실제적으로도 교회 지도자는 모자라는 상태에 있다. 그리고 평가계획은 지도자에게 심리적으로 위압감을 주게 되어 지도자의 숫자가 줄어들게 되면 계획에 차질이 생기게 된다.

기업과 교육세계에서는 자기의 일에 타인이 평가하는 사항에 민감한 반응을 보이나 금전 보상이 있기 때문에 이들의 직책이 유지되는 것이다. 그러나 교회의 경우는 교회 지도자가 직책을 유지하는 것은 수단이 아닌 목적으로서 기독교적인 사람의 내부적 동기유발이다. 이런 관점을 고려해서 개인의 사기를 저하시키지 않고 어떻게 하면 그의 업무를 평가할 것인지 살펴본다.

1) 리더십 설문지

이는 간접적인 방법으로, 개인 자신이 자기 업무를 얼마나 효과적으로 수행하고 있는가에 대한 자신의 통찰력을 돕기 위한 매우 가치있는 수단이다. 이 설문서는 인도자만 보관하고 평가 결과는 자신만 알도록 해야 한다. 양심적인 사람들에게는 이상적인 방법이나, 자신을 정확히 반영하고 그 부정확성을 깨닫느냐의 문제가 단점이다.

2) 비공식 면담

이는 통상계획을 떠나서 실시할 수 있는 것으로, 가정이나 기타 장소에서 개인적인 대화로, 교회의 사회적 문제에서 나중에 진지한 문제로 주고받을 수 있는 것이다.

3) 출석기록

교회에서는 그룹의 계획과 지도자의 능력을 나타내는 일반적 지표로 회원의 감소를 들 수 있다. 한편 출석률의 증가는 교사나 지도자가 우수하다는 긍정적 표시가 될 것이다.

평가자는 출석률에 영향을 주는 요소에는 리더십 능력에 친구의 바뀜, 군입대, 질병, 휴가, 기후, 목회자의 기독교 교육에 대한 관심 부족 등이 있다.

또 다른 주의점은 비록 교수능력이나 성경활동과 같은 중요한 측면들이 낮게 다루어진다 해도, 중대한 사회적 강조 사항이나 기타 프로그램 요소들이 현저한 '증가'를 초대할 경우도 있다.

4) 각 국별 시험

물론 이때는 각 반의 교재내용이 같아야 한다. 각 국별로 모든 학생에게 시험을 보게 해서 최고점수를 확인하는 것이다. 그 후에 시험의 결과에 따라서 지능과 배경이 유사한 학생끼리 다시 반편성을 해야 할 것이다. 이렇게 함으로써 교사는 가능한 한 완벽하게 그의 학생들을 지도할 수 있는 충분한 동기를 지니고 있어서, 자신이 담당하는 학급의 점수가 기대 이상을 얻을 수 있도록 해야 한다.

5) 그룹회원 논평

비록 학생들의 판단이 항상 신뢰성이 있는 것은 아니고 또 훈련받은 관찰자와 같이 타당성이 없는 경우도 있지만, 역시 지도자의 능력을 평가하는 데 도움이 된다.

목회자, 국장, 교육 지도자들은 평가를 위한 단일방법을 피해야 하며, 위에서 열거된 내용의 다른 방법들을 보충 적용해야 한다.

지도자의 해임 또는 변경

한 사람이 그의 직책에서 반드시 물러나야 할 경우가 있다면 적어도 그를 해고하지 않고 다른 직책을 부여하기 위한 노력을 해야 할 것이다. 이는 모든 사람은 그리스도의 지체라는 믿음에서 나온 것으로 행정가나 기독교 교육위원의 책임인 것이다.

행정가보다는 기독교 교육위원회가 지도자 보직 변경을 제안하는 것이 더 공정한 판단을 내릴 가능성이 크다고 볼 수 있다. 왜냐하면 개인보다는 다수의 인원(위원)에 의해 결정되기 때문이다. 따라서 보직 변경의 불공평성을 막기 위해서는 지도자 변경문제를 합법적 권한이 부여된 위원회나 협의회에 제출하는 편이 바람직하다. 그러나 비밀을 유지해야 하는 경우가 있을 때는 많은 위원들에게 공개되어서는 안 된다. 목사나 교육 지도자만이 위의 어느 행정과정이든지 선택할 수 있다.

6. 요약

우리는 제5, 6장에서 리더십 훈련계획의 기본이 되는 업무사항들, 즉 지도자의 모집, 선발, 훈련, 그리고 확보에 대해서 다루었다.

이 전 장에서는 지도자 선발을 위한 '교육적 분위기' 조성이 필요하다는 내용을 지적했다. 이는 목회자가 기독교 교육에 관심을 가지고 적극 협력하는 데서 유발된다고 했다.

교회에 지도자를 채용할 때 '인원을 직무에 맞추는 일'이 훨씬 중요하다. 따라서 리더십을 위한 모든 자원, 즉 교회 방문자로부터 교회 직원 전체를 대상으로 해서 자격 있는 후보자를 물색해야 한다. 잠정적 후보자 선택을 위한 접근방법은, 모든 회원은 그리스도의 지체로서 기능해야 한다. 이런 관점에서 볼 때 각 교인의 기술과 능력과 경험에 따라서 적절한 직책을 부여해야 한다.

교회의 리더십 훈련계획에는 연례기획 프로그램, 오리엔테이션회의, 교회도서관, 타교회 교육프로그램 시찰, 교회핸드북 등이 있다. 여기에 성공적인 교육계획의 필수조건으로 민주적인 행정절차와 전폭적인 노력이 추가되어야 한다.

제7장

조정

1. 조정에 대한 소개

행정의 기본적인 기능 중의 하나는 조정이다. 조정이란 조직의 목표달성에 있어서 노력의 통일과 조화를 이루기 위한 활동으로 정의될 수 있다. 이는 즉 운용의 능률을 기하기 위한 활동의 조종을 말한다.

제2장에서 지적한 바와 같이 조직은 인원업무를 포함하는 '구조의 설정'과 관련이 있고, 조정은 목표를 쉽게 달성하기 위한 구조 내의 '계획의 효율적인 운용'과 관련이 있다.

"다른 말로 하면, 조정은 조직의 운용적 측면이다. 조직은 구성원들의 연합된 업무를 가능하게 하기 위한 구조의 설정과 양과 숫자에 관련이 있고, 조정은 매 시간 매일마다의 업무를 안정시키는 일과 관련이 있다."

따라서 조정의 절차는 통합과 능률성, 그리고 일반적 통일성의 성격을 지닌 프로그램의 향상을 추구한다. 예를 들어 우리가 축구나 야구팀이 부드럽게 움직이는 것을 보면 우리는 선수들 사이에 고도의 조정이 있음을 알 수 있다. 각 선수는 자기가 취해야 할 일반적 행동 지침을 알고 있으며, 이에 따라 그의 의사를 결정하고 동작을 취하게 된다. 이 부드러운 기능팀의 개념은 운동 선수단에만 적용되는 것이 아니고 교회를 포함한 모든 조직에 적용된다. 교회교육 계획도 팀워크와 조화를 이룰 수 있다면 하나님을 위한 더욱 큰 목표 달성이 가능할 것이다.

2. 조정의 수직적 측면

위아래의 조정은 주로 계선직위(界線職位)를 점하고 있는 자들의 권한행사에 의해 이루어진다. 권한은 상급자에 의해 위임되고 또 조직의 각 하부계층의 부하에 의해 인식 및 수용된 '조직적 형태'이거나 또는 개인이 소유한 지식에 근거한 것일 수도 있다.

'조직적 또는 교육적-경험적' 권한은 계획을 착수하는 데 필수적이며 또 조정의 중요한 수단이 된다. 이는 권한행사를 통해서 그의 부하에게 임무(해야 할 일, 이의 성취방법, 시기 등) 부여할 수 있다는 것이다. 그러나 조직 없이는 권한이 있을 수 없고, 또 권한 없이는 조정이 있을 수 없다..

수직적 조정의 가장 중요한 점은 의사소통 절차이다. 해당 인원과의 의사소통이 없는 가족, 교회, 또는 국가는 금방 방향을 잃게 된다. 따라서 적절히 작용하는 의사소통체계는 효율적인 운용에 결정적인 영향을 준다. 이는 조직 전체 인원에게 정보를 전달함으로써 각 구성원들이 다른 인원의 계획과 활동을 알 수 있게 되고 그의 계획을 여기에 따라서 조정하게 된다. 교회에서는 지도자나 직원이 1주일에 1~2일만 출석하기 때문에 핵심 인원들끼리 문제에 대한 직접토의를 할 수 있는 기회가 극히 제한을 받게 된다. 만약 직원이 교회 교육계획에 필요한 기본적인 정보를 위원들에게 전달하려면, 교회 우편함을 포함한 통신수단을 확보해야 할 것이다.

간단히 말해서 조정의 수직적 측면은 계층적 절차, 즉 조직의 계선적 측면을 통한 권한과 의사소통의 주된 특성으로 기본적 구분이 된다.

3. 조정의 수평적 측면

수평적 조정이라면, 통상 같은 조직계층 내의 각 국 또는 과 사이의 활동의 통합과 일치를 말한다. 수평적 조정은 수직적인 것과는 다르다. 하급자가 가끔 상급자의 지시에 반대를 표시할 때에도 수직적 조정에서는 권한의 사용을 통해서 이룰 수가 있다. 그러나 조직의 동일 수준 내의 수많은 국들 내의 인원들을 어떻게 함으로써, 권한을 사용하지 않고 수평적 통합과 조정의 최대노력을 이룰 수 있을 것인가?

전직 제너럴 모터스사 부사장인 제임스 무니(James D. Mooney)는 수평적 조정의 가장 일반적인 방법의 하나를 제시했다. 그는 "모든 형태의 조직에서 수평적 조정은 그룹 내의 각 구성원에게 공동 목적을

'가르치고' 목표 추구에 있어서 가장 높은 적합한 효율성과 정보를 보장하는 원리"라고 했다. 이런 사항이 결핍된 조정상태에서의 노력은 구성원들이 서로 상반되는 목적을 위해 일하기 때문에 조직 내에 마찰과 혼돈을 초래할 뿐이다. 그러나 구성원들이 책임을 깊이 인식하고 목표를 달성하고자 원한다면 이들의 공동목적 달성을 위해 견해 차이를 포기할 수도 있을 것이다.

교회의 목적은 우리 주님의 목적이 되어야 할 것이다. 따라서 조정의 달성에 있어서 잃은 양을 찾는 일은 다른 모든 사항들을 압도하는 가장 지배적이고 타당한 생각이 되어야 한다.

한 사람을 그리스도에게 헌신하도록 인내하는 개념은 목적이 아닌 수단으로 적용할 수 있을 것인가? 그러나 이 개념은 여기에서 설명된 바와 같이 목적, 수단 모두에게 적용될 수 있다. 누구든 물질적 목적을 달성하기 위해 영적 수단을 사용하는 일은 부당하다. 영혼은 조직의 능률성이나 물질적 목적의 중요성에 관계없이 항상 더욱 중요한 것이다. 행정가는 자신을 속여서는 안 된다. 그는 달성하고자 하는 목표뿐만 아니라 수단에 대해서도 반드시 성실해야 하고 믿어야 한다. 교회든 기업이든, 단순히 자기의 편의를 위해서 영감적 개념을 사용하는 위선자는 금방 발각될 것이다.

조정과 병존하는 요인은 완벽한 훈련이다. 구성원이 그의 직무와 또 조직 내의 다른 직무와의 관련성을 더욱 완벽하게 이해할수록 그는 계획 추진에 더욱 협력할 것이다. 한 가지 매우 중요한 훈련의 종류는 계획 또는 사업계획의 초기단계에 대한 교훈을 제공하는 것이다.

교회사업의 자발적 속성 때문에 제안된 계획이나 사실 파악을 위한 시간이나 자원이 아주 제한되어 있다. 만약 직원이 결정적인 시점에서 복잡한 계획을 받고, 자신이 이 계획의 중요성을 파악하기 위해 불과 몇 분밖에 남은 시간이 없다면, 일은 틀림없이 기대했던 것만큼 부드럽고 효율적으로 진행되지 못할 것이다. 따라서 계획 참가자들은 기획의 초기단계에 계획의 개요를 소개받아야 한다. 이 단계에서 깊은 관찰을 한 후에 계획을 착수하게 되면 수행과 운용을 할 때도 충분한 이해를 하게 된다. 따라서 조기 설명은 조정으로 인도하고, 늦은 설명은 혼돈과 파멸로 인도한다.

4. 안정된 조정 방법

교회는 각각 독특하기 때문에 그 활동을 조정하기 위한 유용한 방안이 다른 교회에서는 비효과적으로 나타날 수도 있다. 그러나 교회가 많은 종류의 방안을 사용한다고 해서 더욱 효율적인 것은 아니다. 신중을 기해서 조정방안을 선택 결합하면 단일 방안보다는 혼돈을 막고 프로그램 운용의 원활성을 기하는 데 유리하다고 말할 수 있다. 이는 사람은 반복을 통해서 배우는데 다양성 방법을 반복할 때 더욱 잘 기억할 수 있게 된다. 아래에 제안된 조정방안은 각 관점에 따라 계획을 개선시킬 수 있는 사항들이다.

교회 월력

연중 계획된 규칙적 교회 활동목록을 모든 교회직원들에게 배부해야 한다. 장기적인 안목을 지닌 자는 연중 교회 월력과 일치된 기업적인 기획을 이해할 것이며 지도자나 기타 인원들이 개인적 계획을 세울 때도 자신보다는 교회의 계획이 우선하도록 동기를 유발시킬 수도 있다.

여기에서 한 가지 고려할 것은, 참모에게 안내를 제공하기 위해 교회 사무실에 제기된 일반적인 교회 월력은 전체 교인에게 배부할 월력으로는 부적당하다. 특히 모든 지도자와 직원을 포함된 교인들은 자기 개인방에 부착용으로 연중 교회행사 월력(年中敎會行事月歷)을 가지고 있어야 한다.

기독교 교육계획서

이는 이름 그대로 기획목적에 사용된다. 개인은 반드시 이를 지니고 있어야 한다. 기독교 교육목사나 관련 직원들은 이에 대한 책임이 있다. 계획이 잠정적이든 영구적이든, 그 내용에는 1~5면까지의 미래에 대한 장기 및 단기적인 교육계획이 포함되어야 한다. 이는 가능한 위원회의 소유로 남아 있으면서 교육계획 작성을 위한 계속성을 제공하기 위해 사용되어야 할 것이다.

서면 보고

연중 교회 월력에 포함되지 않은 활동이 분명히 있을 것이다. 이의 세부내용을 수행하기 전에 교육목사에게 보고하여 이미 계획된 교회 월력상 활동과 조정할 수 있게 될 것이다. 만약 마찰현상이 일어나면 교회 월력상의 활동사항이 우선권이 있게 된다.

조직도표

이 전 장에서 리더십 직위 사이의 행정적 상관관계를 나타낸 도표와 조직표의 가치에 대해 설명한 바 있다. 이런 종류의 도표는 모든 직원들에게 배부되어 이들의 조직의 업무와 다양한 상관관계를 알아볼 수 있도록 해야 한다. 교회가 새로운 교인에게 배부하는 교범에도 조직도표가 포함되어야 한다. 한 직원이 문제에 직면했을 때 해당되는 지식과 권한을 지닌 사람을 찾아 바로 적당한 도움을 얻을 수 있어야 한다.

행정 핸드북

이런 종류의 조정수단은 모든 지도자에게 제공되어야 한다. 여기에는 임무에 대한 명확한 정의, 기타 중요한 사항들이 포함되어야 한다. 특수한 그룹을 위해 매번 발생되는 핸드북에는 직원과 지도자의 이름, 주소, 전화번호 등을 나타낼 수 있다. 어떤 종류의 핸드북은 포괄성을 지니고 있어서 교회와 기독교 교육계획의 모든 측면을 포함한다. 또 다른 것은 특수한 그룹인원을 위해 해당 분야만 담은 핸드북도 있는데, 예를 들어 주일교회학교, 주일저녁 청년그룹, 소년 평일교회그룹, 소녀 평일교회그룹, 남자친교회, 여성훝회 등을 위한 핸드북들이 있다.

주간 및 월례 협의회

교회참모나 특정 그룹들은 활동의 계속적 조정을 위해서 주간회의가 절대적으로 필요하다. 그러나 기타 그룹은 목적을 위해 월례회가 적절한 경우도 있다.

유용하다고 생각되는 협의회의 예는 주일교회학교 교사 및 직원회의, 행정가 협의회, 교회 청년직원회의, 여가시간 협의회 등이 있다.

탁월한 생각 또는 표어

이 수단은 통일성을 이루기 위한 가치에서 논의되었다. 일단 표어로 사용된 개념은 교회의 최고임무와 직접 연결되어야 하며 또 인쇄물, 소책자, 기타 통신매체를 통해 규칙적으로 강조되어야 한다.

보편적으로 사용되는 관념으로는 '승리를 위한 가르침', '그리스도를 위한 헌신', '믿음은 승리를 안겨준다' 그리고 '매일 부과된 당신의 십자가를 지라' 등이 있다.

전직 회원

이는 주로 조직의 고위층에 있는 자들이 그룹의 가장 큰 관심사에 대한 의사결정이나 일반계획을 조정하기 위한 정보를 얻기 위해 사용한다. 목회자, 부목사, 교육목사, 중재자 또는 기타 인원들에게 전직 회원의 특권을 부여할 수 있다. 이로 인해 이들은 일정 협의회의 회원으로 참석이 가능한데, 투표권의 유무는 규칙에 의해 결정된다.

연락 회원

조정수단으로 이는 아주 큰 교회에서만 사용된다. 이는 군인교회 같은 조직에서 사용되는데, 교회연합회와 같이 범국가적이며 새로운 프로그램의 설명과 정보제공을 위한 직원에 의존한다. 연락원은 정보를 한 집단에서 다른 집단으로 전달하는 사람일 수도 있으나 그의 지책상 타인에게 지시할 권한은 없다.

교회 게시판

이는 아마 교회활동 조정을 위해 가장 널리 사용되는 수단일 것이다. 그러나 이 방법의 단점은, 오늘날 많은 사람들이 자신의 사업적, 교육적, 오락적, 사회적 활동계획을 적어도 1~3개월 먼저 세운다는 점이다. 교회가 게시판을 통해서 이들에게 알릴 때는 이미 다른 사항에 시간을 할당한 후가 될 것이다.

예를 들어 한 달 전에 중요행사를 게시판에 알리는 경우도 있으나, 이것도 역시 전 교인에게 연례 교회행사 계획을 배부하는 것에 비하면 효율성이 낮다고 할 수 있다.

교회보

게시판에 부가해서 교회보를 발간하는 교회도 많이 있다. 문제점은 발간을 위해 시간을 투자할 수 있는 유능한 편집기자의 부족이다. 일단 발간되면 적어도 1년 이상은 계속 담당할 인원이 있어야 한다.

개인에 대한 책임의 위임

이것 역시 행정가에게 유용하고도 가장 중요한 조정수단이 된다. 상급자는 이를 통해서 부하에게 부여한 임무수행을 기대하게 된다. 그러나 특수한 임무를 개인이 아닌 다수에게 부여했다면, 임무수행에 조그만 실수가 있을 경우 조정에 다소간 영향을 주게 될 것이며, 또 이를 어느 한 사람에게 원인을 돌리기 어려우며, 행정가 자신이 비난을 받을 수밖에 없다. 따라서 이 방법을 이용하지 않는다면 비능률과 비조직화가 초래될 것임이 거의 확실하다.

비공식 협회

이 기술은 행정가와 하급자가 비공식자리에서 의논하는 것을 말한다. 이런 협의를 통해서 조정에 대한 많은 장애점을 최소화하거나 심각한 문제를 직면하게 되는 일을 사전에 제거할 수도 있다. 물론 잘 조정된 계획을 보장하기 위해서는 이 방법에 부가해서 다른 복합적인 방법들이 사용되어야 할 것이다.

동시 위원회의

규모가 큰 교회의 경우 개인은 한 개 위원회에만 소속되어 있는 경우가 있다. 이 경우 각 위원회를 화요일 저녁에 동시에 개최할 수도 있다. 이 경우의 이점으로는, 동시에 각 위원회 사이의 연락작용을 가능하게 한다. 가령 월례회에서 결정된 사항을 다른 위원회에 회부시키려면 다음 한 달을 기다려야 하는 점을 고려할 때 훌륭한 제도이다.

예산 배정

이 방법은 그리 흔하지 않다. 그러나 만약 어느 활동이 일반 프로그램 조정에 장애요소가 된다면, 그 활동을 제한하는 가장 좋은 방법이 될 수 있다. 만약 특정한 교회그룹이 효과적인 조정을 위해 너무 많은 활동을 계획하고, 교육위원회의 조언도 무시하고 이를 집행하려 하고, 교회 내의 조정 수준을 유지하고 질서정연한 계획을 유지하려면 연중 계속적으로 예산을 삭감하는 방법밖에 없을 것이다.

5. 사기와 조정의 관련성

실제로 세부사항을 수행하는 사람은 조직의 하위계층이다. 이들이 일하는 '방법'은 곧 조정을 증진 또는 방해하게 된다.

국내(局內)의 개인 상호간의 관계가 원활할수록 그들은 조정을 위한 노력을 더욱 하게 된다. 반대로 개인의 상호관계가 나쁠수록 이들 사이의 조정을 위한 노력도 약화되는 것이다. 이 협력을 위한 개인의 내부적 심리가 조정절차의 기본적인 핵을 이룬다.

고도의 사기 유지와 궁극적인 조정에 기여하는 분위기는 모든 제안된 사항에 대한 솔직한 토의이다. 조직의 상하 계층이 모두 한 자리에 모여서 토의한다면 서로의 비판적, 부정적 요소나 불신감, 의심

등이 없어질 수 있다. 또한 이는 부하가 상급자에게 도움과 정보를 제공받고, 현재 및 미래활동을 충분히 인식할 수 있도록 유지할 수 있다.

행정가는 내부 조정뿐 아니라 외부적 조정과 시기와의 관계도 잘 이해하고 있어야 한다. 한 교회와 다른 교회와의 상관관계도 교회 자체의 조정에 영향을 미친다. 영적인 합동사업(리더십 훈련학교, 전도학교 등) 또는 일반적 사업(연합 야외소풍) 등은 사전기획과 세밀한 조정이 요구된다. 우리 기독교인은 교회선교의 중요성을 충분히 인식하고 책임을 긍정하며 고도의 사기유지에 노력해야 한다. 또 내외부적으로 모두 효과적으로 조정된 계획을 수립해야 할 것이다.

6. 효과적인 의사소통

한 사람이 최종적으로 그의 의사를 타인에게 전달하는 방법은 이루고자 하는 조정 수준을 결정한다. 한 사람이 그의 의사를 어떻게 하면 가장 효과적으로 전달해서 상대방이 이를 충분히 이해할 수 있도록 할 수 있겠는가? 특히 목사는 어떻게 타인에게 지시와 정보를 전달할 수 있겠는가?

왜 어떤 지시는 따르지 않는가?

만약 지시가 이행되지 않는다면 이는 지시를 하는 쪽이나 받는 쪽 중 어느 한쪽의 이해 부족이라고 할 수 있다. 물론 행정가 자신이 업무의 성질과 수반되는 절차를 충분히 이해하지 못함으로 인해서 잘못 지시를 하는 경우도 있다. 어떤 경우에는 위임자가 그 업무에 대해서 고도의 기술적 또는 추상적 용어를 사용함으로써 결과적으로 오해를 유발하기도 한다. 또 어떤 경우에는 직원이 이 임무를 수행할 권한이 없어서 계획조정의 지연 또는 실패를 초래하게 될 때도 있다. 따라서 이해는 원활한 의사소통을 위한 열쇠가 된다.

지시방법

원활한 의사소통을 위해서는 실무자, 임무, 그리고 적절한 용서 사용에 대한 이해가 필수적이다.

1) 제안

이 방법은 하급자가 충분한 지식과 경험을 지니고 있을 때 일반적으로 사용된다. 이들은 주로 '팀'을 형성하고 있으며 상급자가 공식적 권한을 사용할 필요를 거의 느끼지 않는다. 이들은 협동정신과 공동 관심을 지니고 있으므로 지시이지만 하나의 제안으로 받아들인다.

2) 부탁

이 접근방법은 질문형식이나 응답자의 자유가 별로 없다. 행정가는 응답자가 승낙할 것으로 믿고 부탁한다. 특수한 경우에 응답자가 부탁을 받아들일 수 없을 경우 피치 못할 사정을 설명하는 제한된 자유를 지니고 있다.

3) 요구

이는 상급자가 하급자의 입장을 무시하고, 지시 또는 명령을 하는 경우이다. 이런 것은 비서 또는 하급자가 이유없이 받아들여야 한다. 요구 형태의 하나인 지시는 주로 구두로 주어진다. 그 외의 지시는 문서로 이루어진다.

구두 및 서면 지시

언제 구두 지시가 필요하고 또 언제 서면 지시가 필요한가?
구두 지시는 주로 ① 성질상 간단한 것, ② 질문과 대답이 필요할 경우일 때 적합하다. 구두 지시를 할 때, 상대방 자신의 말로 반복해 보도록 하면 될 것이다. 타인이 말한 대로를 반복하는 것은 간단하다. 그러나 지시받은 사항을 자신의 생각대로 다시 말을 형성해서 대답하는 일은 그가 이해하고 있을 때만 가능하다.

구두의사 전달에서는, 지시자가 임무를 부여받는 자의 기억을 흐리게 하지 않도록 명확하게 말해야 한다. 장황하고 복잡한 내용을 간단하고 쉬운 지시로 대치해야 한다.

구두 지시보다 서면 지시가 좋은 경우는 ① 지시내용이 길고 복잡하며 또 세부설명이 필요할 때, ② 해당임무 부여와 동시에 그 수행을 위해 개인의 권한을 증가시킬 때, ③ 임무는 몇 단계로 구분되는데 반드시 특정 절차를 따라야 할 경우이다.

7. 요약

비록 대부분의 행정절차가 직선적인 하나, 둘, 셋 식의 배치보다는 서로 평행적인 면이 있지만, 일반적으로 볼 때 조정은 조직화, 기획, 위임 그리고 인사 사항에 종속된다고 할 수 있다. 이 말은 조직의 체계, 즉 계획, 책임의 위임, 리더십 모집 계획이 조정 절차가 있기 전에 인원의 유지를 위해서 설정되어 있어야 한다는 뜻이다.

조정기술의 효과성은 조직에서 발견된 효율성의 수준으로 측정할 수 있다.

그 다음으로 효율성은 구성원의 노력과 업무 과정의 통일성에 달려 있다. 이 통일성은, 조직의 수평적 측면으로는 적절한 전달수단과 탁월한 생각의 활용을 통해서 성취될 수 있다.

리더십 훈련의 원리가 교회가 조직의 전체 구성원에게 적용된다면, 각 개인은 전체계획의 부분임을 이해하고 느끼며 조정증진에도 기여하게 된다.

마지막으로, 개인과의 의사전달 방법은 전달한 내용의 중요성이나 복잡성의 정도에 따라 결정되어야 한다. 또 여기에는 상대방의 교육 및 경험 그리고 시급성의 정도 등도 고려되어야 한다.

# 제8장

통제

1. 통제에 대하여

행정절차의 최종단계는 설정된 목표를 향한 조직 발전의 결정이다. 경험적으로는 계획, 조직화, 위임, 인사, 조정만으로는 충분하지 않고 이들 각 운영 측면을 점검하기 위한 조직적인 수단이 필요한 것이 사실이다. 사업계획이 분담 및 위임된다 해도 실제로 수행이 추진되지 않을 때를 경험하게 될 것이다. 이는 교회에서도 가끔 발생되는 사항이다. 그 원인은 교인들의 그리스도의 대목적(大目的)에 대한 헌신정신의 부족에 있다고 하겠다. 계획 참가자들을 계속적으로 점검하는 일은 결석주의자와 계획 실패를 막기 위한 유일한 수단이다. 일반적으로 '점검' 절차는 통제라는 용어로 통한다. 교육세계에서는 '평가'라는 용어가 측정 및 평가의 뜻을 모두 지닌 단어로서 목표에 대한 계획의 진행상태를 결정하는 절차를 나타내기 위해 자주 사용된다.

통제의 정의

어윅(Urwick)은 통제란 '모든 사항이 계획, 조직, 명령대로 수행되고 있는지의 여부를 살피는 일'이라고 했다.

"통제라는 단어는 관리용어에서 꽤 정밀한 기술적 뜻을 지니고 있다. 이는 운영과 생산의 향상을 위한 정보의 흐름을 뜻하며, 때로는 환류를 뜻하기도 한다. 기획과 통제가 병행되어야 하는 이유가 바로 여기에 있다. 기획은 목표를 설정하고, 통제는 목표달성을 위한 방법을 말해준다."

따라서 기획은 업무를 분할 및 조직화하고, 통제는 반대로 업무가 계획과 관련되어 조직을 통해서 부드럽고 체계적으로 수행되고 있는지를 관찰하는 수단이다.

간단히 말해서 이는 구성원이 조직의 계획을 계속 알 수 있도록 하기 위한 체계적인 방법 또는 수단이다.

2. 통제의 특수한 기능

통제의 중요한 목적 중의 하나는 모든 활동이 조직의 목표를 이루기 위한 보조적인 사항임을 알게 하는 것이다. 비록 교회 내의 어느 한 그룹이 다른 그룹에서 독립되어 있다 해도 단독으로 운용될 수는 없다. 모든 교인 및 그룹들은 그리스도의 지체이며 상호협력하에 통일된 계획을 이루어 그리스도 안에서 '하나' 된 증인이 되어야 한다. 교회는 그 존립을 위해서 합당한 주체에 의존해야 한다. 최종적으로 교회에 의해서 조직된 그룹은 진정 그들의 하부적인 목표를 교회의 계획과 일반 목적에 일치시켜 나가야 할 것이다.

통제는 또한 전단기구로도 활용되며 교정을 위한 수단도 될 수 있다. 이 절차는 행동을 취한 후 책임성과 비능률적 운용을 초래하기 전이라면 더욱 중요한 것이다. 특히 청년들과 새로운 지도자가 함께 일할 때, 목사나 기타 책임 있는 지도자가 유도를 하고 동기를 유발시키며 협조를 해서 새로운 지도자가 그 일에 실패하지 않도록 해야 할 것이다. 리더십 학자들은, "초심자(初心者)들은 실패를 배워야 한다"고 말하지만, 이는 반드시 성공을 체험하고 난 후에 겪어야 할 것이다. 우리는 "성공만큼 잘 계승되는 것은 없다"는 내용을 잊어서는 안 된다.

통제의 또 하나의 기능은 미래의 계획수립을 위한 정보를 제공하는 데 있다. 경험을 스승역으로 본다면, 과거와 현재의 계획 집행에서 배운 사실은 미래 계획을 위한 가치 있는 내용을 제시한다. 그러나 미래계획의 현명한 수정은 정확한 근거에 의해야 한다. 기록, 서면보고, 면접, 그리고 개인관찰, 이 모든 사항들은 통제적 운용의 일부로서 목적에 필요한 정보를 제공하는 데 도움을 준다.

또 계획 개선을 위한 기능도 경시되어서는 안 된다. 어떤 사람은 '현상 유지'를 주장하지만 계획에 향상이 없으면 이는 후퇴를 의미한다. 계획을 지속적으로 향상시키기 위한 한 가지 방법은 계속적인 개선을 위한 전진이다. 그러므로 기록을 적절히 유지하면 새로운 공부과정을 채택했을 때 교사의 가르치는 실력은 비록 우수하지만 학생들이 교과내용 자체의 결함으로 흥미를 잃어버리는 경우도 효율적으로 진상을 발견하여 적절한 조치를 취할 수 있을 것이다. 따라서 통제 시스템은 계획개선의 중요한 수단이 된다.

　여기에서 언급할 통제의 마지막 기능은 일반적으로 의사전달을 위한 정보통제의 활용과 관련된 것이다. 이는 때로 후원 또는 교회 홍보 활동으로도 말한다.

　통제 시스템에서 수집, 분류, 분석한 정보를 활용할 수도 있다. 어떤 교회에서는 쉬운 목록과 그래프, 그림을 포함한 통제 정보를 담은 소책자를 지역 주민에게 배부하기도 한다. 이는 지역 주민들에게 교인과 교회사업의 효과성을 소개할 수 있는 기회도 된다. 우리가 알고 있는 통제는 영적 성장과 달성을 나타내는 것은 아니나, 평균 숫자가 늘어났다면 이는 그만큼 많은 학생이 하나님의 말씀을 배운다는 뜻이 된다.

　사탄은 거짓과 기만적인 정보를 조작해서 교인들에게 보급시켜서 신체와 정신에 해로운 영향을 미치고 있는데, 교회는 선(善)의 창조를 위한 진실한 정보를 수집 및 보급해서, 실제적으로 매일 24시간 사탄과 대적해서 승리하도록 해야 하지 않겠는가?

3. 통제의 운용적 특성

　기록작성, 구두보고를 통한 정보전달, 면담절차, 그리고 기타 활동 사항들은 '운용'이라고 할 수 있다. 이들 통제 운용사항들이 나타내는 특성은 무엇인가?

정보의 비교

그룹이나 계획의 발전을 판단하기 위해서는 비교를 위한 근거가 반드시 필요하다. 그래서 미래의 목표는 비교할 계획의 표준이 된다. 두 번째 근거는 과거와 현재의 기록에서 나온 정보나 목표의 활용이 포함된다. 예를 들어 신혼부부반의 출석모표는 전년도의 출석율과 비교해서 발전 정도를 알 수 있다. 또는 교회 내의 같은 시점에서 다른 반 또는 타교회의 반과 비교해볼 수 있다. 매년의 기록은 퍼센트, 신규회원 평균숫자, 기타 대등한 수량적 수단으로 나타나 있어야 한다.

만약 특정 그룹 또는 활동의 참가율이 현저한 감소를 보이면 그 이유를 밝혀서 적절한 조치를 해야 할 것이다. 기록 비교방법은 어려운 상황의 발생을 막아주기 때문에 매년마다 동일한 통계적 방법을 사용한다면 인도자는 쉽게 '기록에 집중'할 수 있어서, 비공식적으로 여유 있는 토의를 할 수 있을 것이다.

또 하나의 뚜렷한 이점은, 현재와 과거의 기록 비교는 가끔 동기를 유발하는 힘이 된다는 점이다. 지난해의 기록과 비교하여 더욱 많은 사람을 복음의 영향력에 모으려는 목표를 유발해야 한다.

수량화(數量化)

이는 모든 정보를 통계목적으로 숫자상으로 배열하는 절차를 말한다. 활동의 요약사항들이 숫자 형태로 유지된다면, 매년마다의 비교가 용이해진다. 구두적, 설명적 보고는 쉽게 비교하기 곤란하다.

정보의 주기적 수집

어느 목사나 행정가든 모든 일의 매 순간마다 감독할 수는 없다. 크고 중요한 계획에서는 점검 지점을 반드시 정해야 한다.

교회의 각 주요기관으로부터 주간, 월간, 분기 등 정기보고가 반드시 있어야 하며, 목회자는 이를 검토할 시간을 조치해야 한다. 일단 보고된 내용은 문서철에 보관되어서 미래기획이나 교회발전을 위한 비교 자료로 사용하도록 해야 할 것이다. 이때 브고서의 양식은 통일되어야 한다.

4. 행정가의 통제적 역할

분담을 할 수 없는 것은 개인의 고유한 책임이다. 자기의 교회와 친구 그리고 하나님을 향한 그의 개인적 책임을 긍정함은 기동적인 기독교의 열쇠가 된다.

행정가도 그의 책임을 깨닫고 이를 실천해야 할 것이다. 그는 경각심과 예리한 사고력을 지니고, 보급품과 장비의 보존과 점검회의를 개최해서 사업계획이나 모든 프로그램을 통해서 하나님과 우리 구주 되신 예수 그리스도께 영광과 존귀를 돌리게 해야 한다는 뜻이다. 이는 또 자기와 타인을 위한 기강확립도 요구된다. 그리고 개인 및 참모의 스케줄 작성이 요구된다. 시간 낭비는 없는가? 교사와 직원을 위한 준비물은 제때에 도착하는가? 규칙적 절차에 비능률성은 없는가? 교회 내의 기술과 능력을 최대한 활용되고 있는가? 이들 내용은 단순히 한번 물어보고 끝낼 사항들이 아니다. 이들 문제는 세부적으로 교회 교육계획의 전반적 측면에서 해답을 도출해야 할 것이다.

5. 통제 기술

우리가 기계나 과학법칙의 문제에 직면해서는 고도의 예측성을 발견할 수 있다. 무엇이, 언제, 어디서 일어날 것인가를 꽤 정확히 예측할 수 있다.

그러나 인간 행위에 대한 예측은 불가능하다. 따라서 우리는 통제방안이 필요하다. 통제가 적절히 수행된다면, "예측할 수 없는 인간적 요소가 잘못될 때 자동적 확보 수단을 이룬다."

행정가에게 가용한 방안은 두 가지 영역으로 구분할 수 있다. 하나는 보고이고, 또 하나는 조정-통제 기술이다. 보고는 '완성된' 활동을 기술하고, 조정-통제 수단은 '진행되는' 활동을 기술한다는 뜻이다. 비록 보고와 기록의 뚜렷한 구별은 없지만 목적상 우리는 기록은 자료정리와 통계를 위한 수단으로 생각하고, 보고는 분석, 비교, 그리고 상대적 중용성의 관점에서 자료를 해석하는 의사전달로 보기로 한다.

일반적으로 자료정리 및 해석에 있어서 보고가 완전할수록 통제절차도 더욱 효과적으로 된다. 포괄적인 보고 계획은 마음의 보고 및 기록형태를 포함한다.

① **출석기록** : 등록 및 출석기록은 교회의 필요에 따라 주간, 또는 월간 단위로 유지되어야 한다. 이는 기독교 교육 프로그램에 포

함되는 모든 그룹에 해당되어야 한다.

② 교과과정 기록 : 물론 교재는 규칙적으로 주문하지만 주문일자와 도착일자를 기록 유지하는 것이 기획에 도움이 되고 교재가 적시에 도착할 수 있도록 하는 데 도움이 될 것이다.

③ 방문기록 : 방문의 세부계획 사항을 제시하는 것은 효율적인 방문기록을 유지하고 수집하는 단계를 기술하는 데 유용한 내용이 많을 것이다. 이는 지속적으로 유지되어야 하며 적어도 매월마다 검토해야 한다.

④ 위원회 및 협의회 보고 : 위원회 또는 협의회로부터 월례, 분기, 연례, 보고서는 참고를 위해 철해두어야 한다.

⑤ 주요 기독교 교육그룹 보고서 : 이번 주에 속하는 것은, 주일학교, 소년소녀 평일그룹 스카우트, 여가시간 교육, 주일저녁 청장년 그룹, 그리고 기독교 교육계획상 영구적 부분인 기타 그룹이라고 할 수 있다.

⑥ 리더십 훈련기록 : 5장에서 다룬 내용과 같이 기록은 매년마다 유지해서 감정 및 대리교사가 필요시 명단을 참고할 수 있어야 한다.

⑦ 계획기록 : 어느 차트 형식의 기록으로서 분기, 반기, 또는 1년 단위 사업 계획상의 활동을 나타내준다.

활동사항은 도표의 세로면에 쓰고 월별 표시는 가로면에 기록한다. 각 활동의 적절한 지점에서 점검 지점을 표시해야 한다. 행정가의 생각에 통제와 조정의 입장에서 시간이 너무 많이 드는 것이라면 그는 기획기록이 중요한 행정운용이라는 것을 깨달아야 하며, 독서와 설교준비를 위한 시간 뿐 아니라 이런 행정임무를 위해서도 시간을 할애해야 할 것이다.

재정보고

예산을 할당받는 그룹은 내용의 변화에 대해서 잘 알고 있어야 한다. 만약 교회예산보다 수입이 증가하면 활동을 확장할 수도 있다. 그러나 수입이 기대보다 줄어들면 교회재정 지원을 뒷받침하기 위한 활동의 세밀한 통계가 이루어져야 한다.

러셀(Russell)은 예산편성 준비단계에서는 지출부에서 그 용도와 함께 다음과 같은 7개 항목을 포함하고 있어야 한다고 지적했다.

① 작년 예산 지출부
② 작년 실제 지출
③ 최근 개정에 따른 금년 예산 세출부
④ 금년 최종 지출의 현재 추계
⑤ 내년 지출예산 제시
⑥ 금년 세출의 증가
⑦ 설명

러셀은 또 예산의 수입부에 대해서도 7개 항목을 제시했다.
① 작년 예산 세입 추가
② 작년 실제 세입
③ 최근 개정에 따른 금년 예산 세입 추계
④ 금년 최종 수입의 현재 추계

⑤ 내년 세입예산 추계
⑥ 금년 추계의 증감
⑦ 설명

③항에 대해서는 물론 누구든지 회계연도 개시 후 첫 6개월 동안의 세입이 예상외로 저조해서 당황하게 되는 경우도 있을 것이다. 이로 인해서 지출을 감소시키고, 통제절차의 중요한 요인으로 활동사항을 줄이게 된다.

기타 통제 기술

행정가가 이용 가능한 다른 통제 기술도 많이 있다. 이들 방법 중의 일부는 조정과 통제의 이중목적으로 사용될 수도 있다.

통제는 사업계획이 실천되도록 하는 것과 관련이 있다. 행정가가 통제수단으로 활용할 수 있는 것에는 메모철, 개인 스케줄, 비공식 협의, 전직 회원, 교회 우편함, 기타 많은 조정수단들이 있다.

6. 과다통제와 과소통제

마지막 주의점이 바로 이것이다. 때로는 행정가가 불필요한 정도로 심한 통제를 하는 경우가 있다. 여기에는 과소 또는 과다통제의 양대극성을 이루게 된다. 이 양대극성을 알기 위해서는 개성에 대한 이해, 수행되는 업무의 성격, 그리고 환경적 요인을 먼저 고려해야 한다. 행정가 자신이 과다통제를 하고 있느냐 아니면 과소통제를 하고 있느냐 하는 문제는, 자신의 지성과 경험에 근거한 건전한 판단을 통해서만 깨달을 수 있다.

7. 요약

현재와 예측 가능한 모든 자료를 넘어선 과도한 계획은 반드시 경계해야 한다. 조직의 효율성을 높이고 보람된 사업과 제한된 자원의 분산을 막기 위해서 통제 기술을 적극 활용하면 크게 기여할 것이다. 이 장에서 우리가 토의한 통제원리는 다음과 같다.

① 행정가는 보고를 통해서 조직계획에 대한 통제를 할 수 있다.
② 보고와 통제는 지속적인 절차로 다루어져서 사업의 진행, 필요사항, 개인적 요구사항 등을 파악할 수 있어야 한다.
③ 보고는 양식의 통일을 기해서 쉽게 비교 가능하도록 해야 한다.
④ 통제절차에서 수집된 정보는 활용 가능해야 한다. 사실 자체는 이들이 교회계획과 조직에 직접 관련이 있는 한 불충분하다.
⑤ 재원통제는 조직계획의 평가뿐만 아니라 예산, 기획, 그리고 조정을 위해서도 필요하다.

행정통제

기능과 관련된 기술은 이 책에서 토의된 다른 모든 절차와 마찬가지로 행정가가 제시된 원리를 조직적 및 지속적으로 수행하려는 의지를 갖고 있지 않으면 그의 행정 행위의 부분으로 될 수 없다는 것을 독자들이 이해하면 좋을 것이다. 그래서 어윅(Urwick)은 다음과 같은 말을 했다.

"보통 남녀에 있어서 행정기술은 의료기술과 아주 흡사하다. 이는 실제적인 예술로서 이의 안전성을 위해서는 아주 많은 연습이 기본적이다."

제9장
행정기술의 실체

1. 일반목적과 특수목적의 관계

기독교 가르침과 훈련의 목적

기독교 가르침과 훈련의 궁극적인 목적은 그리스도를 통해 나타내신 하나님을 알도록 하고, 그리스도의 제자로서의 완전한 뜻을 가지고 성령의 인도하심을 따라서 살아가고, 기독교인으로서 착실한 성장을 하도록 하는 데 있다. 이 뜻은 다음 7개 항목으로 설명될 수 있다.

① 기독교인의 변화 : 개인에게 예수 그리스도를 통해서 하나님의 용서와 구원의 섭리를 체험하도록 한다.
② 교인 : 각 교인이 신약 교회에 지능적, 능동적, 헌신적으로 일하도 록 유도한다.

③ 예배 : 각 교인이 그의 경험의 결정적이고 지속적인 예배를 드리도록 한다.
④ 지식과 확신 : 각 교인이 기독교적인 지식의 이해와 확신을 가지고 성장할 수 있도록 한다.
⑤ 태도와 감사 : 각 개인이 자신의 모든 생활영역에서 기독교적인 접근을 할 수 있도록 함으로, 기독교적인 자세와 감사를 하도록 도와준다.
⑥ 생활 : 각 개인이 영적 성장을 증진시키는 습관과 기술을 개발하고 모든 생활영역에서 기독교적인 행동표준을 적용할 수 있도록 안내한다.
⑦ 봉사 : 각 개인이 그의 재능과 기술을 기독교적인 봉사활동에 투자하도록 유도한다.

중간계층 목적

1) 기독교인의 변화

교회의 궁극적 목표는 각 개인이 그리스도를 통해서 하나님의 용서와 구원의 섭리를 체험하도록 하는 데 있다. 이를 위해 다음과 같은 사항을 도와준다.
① 자신이 하나님의 의(義)를 벗어나서 실패와 무능 속에서 살았으며, 따라서 구세주가 필요하다는 것을 깨닫게 한다.
② 죄에서 떠나 예수 그리스도에게 자신을 맡기며, 그의 완전하고 지속적인 구원을 믿도록 한다.
③ 변화 후에 구주되신 예수님의 뜻을 깨닫고, 말씀을 통해서 확신

함으로 영적 성장을 하도록 한다.

2) 교인

교회의 목적은 각 교인이 신약 교회를 위해서 지능적, 능동적, 그리고 헌신적으로 성장하도록 다음 사항을 도와준다.
① 그리스도를 구주로 받아들이는 신앙 아래서 교회와 연합하는 일
② 교회의 속성, 설교, 실제 그리고 리더십에 대한 이해 증진
③ 교회에 충성을 다하고 교회를 통해서 그리스도와 교인을 위해 충실히 봉사하는 일
④ 이해와 감사하는 마음으로 예배와 각 기관의 계획에 적극 참여하는 습관을 기르는 일
⑤ 교회와 범세계적 계획을 규칙적, 비례적으로 지원하는 일
⑥ 이사했을 때 교적부를 빨리 옮기는 일

3) 예배

각 개인이 예배를 그의 확장된 경험의 결정적, 지속적인 부분으로 받아들이도록 하는 데 있으며, 이를 위해 다음을 지원한다.
① 예배의 뜻을 더욱 이해하고 예배에 참여하도록 하는 일
② 예배의 모든 요소와 개인의 헌신에 대한 이해를 증진하는 일
③ 전 교인과 자신이 속한 기관의 회원과 더불어 진정으로 예배에 참여하는 능력을 성장시키는 일
④ 개인의 경건한 생활과 성경 읽기, 그리고 자기와 타인을 위한 기도생활

⑤ 가정예배 장려 및 참여

4) 기독교적인 지식과 확신

교회의 궁극적 목표는 각 개인이 기독교적인 지식과 확신 아래서 성장하도록 돕는 데 있다. 이를 위한 세부사항은 다음과 같다.

① 성경에 대해서 - ㉠ 하나님이 자신에게 말씀하신다는 것과, 믿음과 행위의 모든 문제에서 최종적 권한을 지닌 것으로 받아들인다. ㉡ 하나님이 말씀과 기록과 보존과 번역을 위해서 인간을 활용하신 성경의 기원을 이해한다. ㉢ 성경의 내용과 관습, 지리, 역사 등에 대한 이해를 증진한다. ㉣ 성경적 진리가 우리 개인생활에 지역사회 그리고 세계에 어떻게 적용되는가에 대한 포괄적인 이해를 한다. ㉤ 기억해야 할 성경의 장들을 선택한다.

② 기독교 신앙의 위대한 실체에 대해서 - ㉠ 하나님의 속성과 실체를 개인에게 사랑의 아버지로 받아들인다. ㉡ 하나님과 인간, 죄와 구원, 그리고 그리스도인의 생활과 직업에 대한 이해를 증진시킨다. ㉢ 기독교 신앙의 진리와 궁극성에 대한 확신을 가지게 한다.

③ 기독교 활동에 대해서 - ㉠ 기독교 역사 중의 중요한 사실을 배운다. ㉡ 기독교 활동의 현재의 경향과 문제점을 이해하고 그리스도를 위해서 일함으로 그의 생활의 보람을 찾게 한다.

④ 교회와 종파에 대해서 - ㉠ 교리와 정책의 특징을 이해하고 이에 대한 확신을 갖도록 한다. ㉡ 교회의 역사, 조직, 계획, 문제점, 그리고 필요성을 배우고 종파적인 사업을 위한 책임의식도 깨닫게 한다.

⑤ 기독교적인 자세와 이해 - 기독교회의 목적은 개인이 그의 모든 생활영역에서 기독교적인 자세와 사고를 하도록 도와준다. 이를 위해서 우리는 다음 사항을 추진한다.

㉠ 하나님에 대해서 - a) 하나님 아버지를 사랑하고 믿으며, 예수 그리스도를 구주로 모시고, 성령을 위대한 상담자와 권능의 근원으로 믿는다. b) 하나님을 경외하며 그의 말씀에 순복하고 그의 뜻을 알려고 노력한다. c) 선하신 하나님께 감사하는 자세를 개발한다.

㉡ 존재의 뜻에 대해서 - a) 모든 존재는 하나님의 창조의 권능과 지혜와 선의 표현이라는 사실, b) 우리는 하나님의 세계에서 생존하며 이 안에서 하나님의 뜻을 이루시기를 원한다는 사실, c) 하나님의 형상대로 창조된 인간은 무한한 가치와 위대한 가능성을 지니고 있으며, 또 인간만이 공급받을 수 있는 영적인 필요성을 지니고 있다는 사실을 알게 한다.

㉢ 자신에 대해서 - a) 자신의 신체나 영혼, 그리고 개성은 하나님의 선물이며, 따라서 잘 보존해서 하나님께 영광을 돌리고 타인의 선을 위해서 사용되어야 한다. b) 그리스도적인 인격형성을 자신의 이념으로 삼도록 한다. c) 장래 직업선택을 위해 그의 재능을 평가한다. d) 자신은 하나님의 용서와 도움을 계속 필요로 하는 존재임을 깨닫게 한다.

㉣ 타인에 대해서 - a) 세계 모든 사람과 친교를 나누며 세계를 모든 문화, 종족, 사회 수준의 민족들의 복지를 위해 자신을 헌신하는 자세, 자신의 가족과 교회, 학교, 지역 사회에 기독교적인 원리를 적용할 수 있도록 한다. b) 타인의 구

원에 관심을 갖고 세계복음화를 의한 의무를 받아들이게 한다. c) 동료집단 내의 이성관계에 대한 올바른 자세를 확립시킨다.

㉤ 성경과 거룩한 기관에 대해서 - a) 성경을 사랑하고 그 가르침을 생활의 안내로 삼는다. b) 그리스도가 교회의 기초됨을 이해하고 교회생활과 사업에 더 많은 관심을 갖도록 한다. c) 가정을 이해 및 사랑하고, 가족의 행복과 번영을 위한 자신의 헌신 의무를 깨닫게 한다. d) 결혼과 가족생활에 대한 자신의 순결성을 확신하도록 한다. e) 일요일은 주일로서 부활하신 그리스도께 영광을 돌리는 날임을 알게 한다. f) 예수님을 섬기는 수단으로 성찬식과 세례식을 깨닫게 한다. g) 신약성경의 원리대로 정부를 신임하고 선량한 시민이 되도록 한다.

㉥ 현세에 대해서 - a) 세계는 하나님이 지으셨으며, 모든 속성의 근원과 일의 필요성은 부요를 위해서 하나님이 주신 것임을 알게 한다. b) 사탄의 우글거림을 깨닫고 하나님께 헌신하는 생활을 하며, 생활 속의 사탄을 대적하고 도덕과 정의를 위한 역군이 되도록 한다. c) 사회 내의 도덕과 사회적 상황의 개선을 위한 책임을 깊이 인식하게 한다.

5) 기독교적인 생활

교회의 목적은 개인의 영적 성장과 기독교적인 행동의 향상을 위한 기술과 관습을 개발함에 있다. 이를 위해 다음 사항을 추진한다.

① 살아 계신 그리스도를 자신의 주로 모시는 정신

② 말씀과 성령을 자기 생활의 가장 훌륭한 안내자로 확신하는 일
③ 기도의 목적과 방법에 대한 이해
④ 예수님의 가르침과 정신을 본받아 자신의 생활 형태를 여기에 일치시키는 일
⑤ 가족과 부모에게 그리스도적인 자세로 대하는 일
⑥ 모든 문제에서 그리스도적인 성격을 나타내도록 하는 일

6) 기독교적인 봉사

우리의 목적은 개인이 그리스도의 뜻에 자신이 최대의 기여를 하도록 하는 데 있으며, 이를 위해 다음 사항을 추진한다.

① 재능을 하나님께 바치고, 기독교 봉사기술을 개발한다.
② 생활에서 하나님의 뜻을 추구하고, 뜻을 따라서 사업을 준비한다.
③ 기독교 신앙의 증거자가 되며, 다른 사람들이 그리스도께 나오게 한다.
④ 교회에서 맡겨준 훈련과 봉사의 기회를 받아들이고 이해한다.
⑤ 그의 봉사직에서 능력을 개발하고 겸손하고 팀을 형성하도록 적응한다.
⑥ 세계 선교를 위한 교회사업 지원을 위해 하나님께 대한 감사의 표시로 그의 물질을 선한 청지기직을 위해 기여한다.
⑦ 어려운 사람에 대해 사랑을 베푼다.
⑧ 사회 복지 사업에 적극적으로 참여한다.
⑨ 자기를 바치는 봉사를 생활의 진정한 목표로 삼는다.

2. 교회 대학부 교수 및 조직목표

(캘리포니아 주 할리우드 제일장로교회의 대학부 교수 및 조직목표)

회원을 위한 조직목표

① 중심에서 나온 명백하고 지적이고 결정적인 방법으로 그리스도를 나타낸다.
② 우리의 생활과 모든 계획을 주장하는 절대권력의 소유자인 그리스도를 나타낸다.
③ 신앙의 이유를 제시해서 진심으로 우리의 생활과 모든 계획을 주장하는 절대권력의 소유자인 그리스도를 나타낸다.
④ 모든 사람에게 복음을 증거하는 의무를 빨리 깨닫게 한다.
⑤ 세계가 직면한 각종 사회적, 도덕적, 국가적인 문제점을 제시하고 그리스도적인 해결방법을 모색하게 한다.
⑥ 동료 사이의 우정과 친교정신을 발휘한다.
⑦ 기독교적인 생활에서 윤리, 기도, 신앙 등 모든 면에서 승리의 삶을 살게 한다.

조직목표

① '교수목적'에 가장 적합한 조직설립
② 모든 회원과 방문자를 위한 적절한 기록 유지
③ 모든 방문자를 그리스도에게로 이끌고 그리스도의 사업에 동참하도록 하기 위한 세심한 후속조치

④ 한 사람도 잃지 않도록 하기 위해 모든 회원의 영적인 열심을 점검
⑤ 조직은 일하기 원하는 모든 사람에게 적합해야 하며, 하나님을 위한 개인의 재능을 개발해야 하며, 재능을 활용해야 한다.
⑥ 조직은 영적 성장의 수단으로 활용해야 한다.
⑦ 최대의 전도와 증거자가 되게 한다.

3. 교과과정 선택의 기준

포괄성

교과과정의 포괄성 여부를 결정하기 위해서는 다음 요소가 고려되어야 한다.
① 교과과정은 각 연령층에서 고려되어야 할 기독교적인 가르침의 모든 측면을 골고루 나타내는 것이어야 한다.
② 각 연령층의 모든 생활영역에서 그리스도의 삶을 체험하는 기초적, 공통적 체험영역을 포함해야 한다.
③ 교과과정은 각 연령 집단을 위한 특수한 중요성과 가르침을 담은 성경지식의 모든 영역을 포함해야 한다. 교인들이 그의 전체적인 체험에서 성경적인 통찰력과 근원을 가지게 하기 위해서는 모든 영역의 내용을 숙지해야 한다.

균형

좋은 교과과정은 각 연령 집단의 중요한 경험영역과 기독교 복음과 관련되는 모든 측면을 포함할 뿐 아니라 각 요소에 대한 적절한 배당 시간도 결정해야 한다. 이를 위해 다음 사항이 고려되어야 한다.
① 예수님의 생애와 가르침은 레크리에이션보다 많은 학기를 배당해야 한다.
② 배당된 시간은, 그 영역의 관심사를 후원 및 보강할 수 있는 자료와 일관성이 있어야 한다.
③ 각 요소에 배당된 시간은 효과적인 체험을 통해서 착수 및 수행하는 데 필요한 시간에 의해 결정해야 한다.

절차

전체 계획을 달성하기 위해서는 각 부분의 상호관련성을 통한 적절한 보장을 해야 하며 분할주의를 피해야 한다. 따라서 각 요소를 절차에 따라 배치하는 일은 기독교인의 신앙과 성격개발에 가장 크게 기여할 수 있도록 세심한 고려를 해야 한다.
① 모든 사항을 각 단계에서 반복하지 않으려면 교사와 학생의 입장에서 반드시 어떤 과정이 필요하다. 일련의 과정을 통해서 명백한 절차가 있을 것이며 이는 내용과 경험의 기획안에서 이루어져야 할 것이다.
② 시간적 강조사항은 계절적 관심사항들을 최대한 이용한다. 전체 교회가 그리스도의 사업에 관심을 기울이는 일은 부활절을

기점으로 시작함이 좋을 것이다.
③ 서로 관련성이 깊은 과정들끼리 배치함으로 축적된 배움의 가능성을 얻도록 해야 할 것이다.
④ 각 연령 그룹의 개발과 일치하는 행동과 헌신의 동기를 제공하는 축적된 배움이 있도록 해야 한다.

좋은 교과과정 내의 포괄성, 균형, 절차의 중요성을 고찰해볼 때, 각 교회가 적절히 업무를 수행하기 위한 시간적인 여유가 없다는 것은 명백한 사실이다. 이는 즉 교과과정은 가정, 평일학교, 방학학교, 그리고 기타 기독교 교육기관에서도 부가적인 시간을 제공하기 위해서 반드시 고려되어야 한다는 뜻이다.

4. 교회 교육 위원회의 규칙과 정책
(캘리포니아 주 할리우드 제일장로교회, 주일학교 및 청년협의회의 규칙과 정책)

기독교 교육국

교회의 가르치는 임무는 원칙적으로 당회의 권한과 감독하에 있다. 기독교 교육국은 당회의 인준하에 매년 담임목사에 의해 임명된다. 이는 주일학교 및 청년협의회를 위한 업무 분담을 적절하게 검토하고 교육적 안내 임무를 부여한다.

담임목사, 지도자, 기독교 교육조정자 및 교육협의회장, 주일학교장은 이 위원회의 겸직회원으로서 회기 중에는 꼭 참석해야 할 사람들이다.

이 협의회는 국장의 소집하에 규칙적인 모임을 갖는 바 그 임무는 다음과 같다.

① 교회와 교회학교의 교육정책 수립
② 교육과정에 사용되는 모든 공부 자료의 선택 및 승인
③ 모든 교육조직 및 그 지도자의 임무를 설정 및 승인
④ 교회학교장, 교사, 직원의 선발 및 임명
⑤ 하계협의회 등에 대해 세심한 기획을 하고 또 직접 참가해서 이들이 그 정책대로 잘 수행하고 달성하며 지혜롭게 판단하는가 살핀다.
⑥ 교사훈련과정 및 교보재(敎補材) 작성
⑦ 주어진 교육 임무 내에서 지도자와 담임목사를 위한 일반적 상담 및 안내
⑧ 각 교육그룹의 예산검사 및 승인
⑨ 교육활동 즉 졸업, 특수계획, 시상식, 대회, 총회, 과정통신반, 결정의 날 등에 대한 교회 월력 설정 및 승인
⑩ 교육국 예산의 수립 및 승인, 이를 매년 지도자 위원회에 회부
⑪ 다른 국 및 장과 세심한 협의 후에 프로그램을 보강하기 위해서 교회임원에게 특수임무 부여
⑫ 모든 새로운 교육조직, 클럽, 또는 그룹의 형성 및 해체에 대한 결정권

5. 교회학교 직원 직무분석
(베이쇼어 커뮤니티 교회 핸드북, 캘리포니아 주 롱비치)

교회학교장

교회학교 지도를 위한 책임과 권한은 교회학교장에게 위임되어 있다. 교장은 다음과 같은 책임이 있다.
① 교회학교 직원이 교육적 철학과 목적, 계획, 정책, 그리고 교회학교의 표준을 잘 이해하고 이를 수행하고 있는가 확인한다.
② 모든 직원 및 가르치는 직책을 맡은 자들이 자기 직분에 대한 적절한 안내 및 훈련을 받은 자들인지 확인한다.
③ 교회학교 직원이 가정과 교회 프로그램의 향상 및 참여를 위해 노력하는가 확인한다.
④ 교회학교의 사업과 목표가 특히 학부형들에게 적절히 통보되고 있는가 확인한다.
⑤ 건물과 장비의 유지, 보수, 개수 및 교환 필요성을 기독교 교육 목사에게 보고한다.

교회학교 서기

교회학교 서기의 임무는 다음과 같다.
① 회원명부, 출석부 기타 기록 서류를 적절하고 정확하게 유지 및 확인
② 반별 헌금이 교회 재정부로 넘어가는가 확인

③ 주일 아침에 국장 및 교사들에게 연락사항 및 유인물 배부
④ 주일 아침에 신입생 및 방문자를 기록하고 해당반으로 안내한다.
⑤ 교회학교 직원회의록 기록 유지

국장

① 직무수행상 지시받은 대로 교회학교장을 보조한다.
② 국 내의 예배계획은 잘 준비되었으며 적절히 드리는가 확인
③ 국 내의 반의 활동을 고무 및 조정
④ 가정 및 교회 프로그램의 증진 및 참여
⑤ 제도적인 서비스의 향상 및 확장을 위한 필요성을 교장에게 보고
⑥ 건물 및 장비의 유지, 보수, 개수 또는 교환사항을 교장에게 보고

교사

① 교육철학, 목적, 계획, 정책, 그리고 교회학교의 표준을 숙지하고 이에 따라 실행한다.
② 교회학교 교과과정을 이해하고 그 개요와 목표에 따라 제도적인 사업을 실행한다.
③ 핸드북에 나온 '교회학교 교사의 자기평가 설문서'를 숙지하고 이 질문내용에 따라 규칙적으로 자신의 교수 기술을 평가해본다.
④ 모든 교사회에 참석한다.

⑤ 가정과 교회 프로그램의 향상 및 참여
⑥ 공과공부 준비를 위해 노력한다.
⑦ 전문적인 훈련 및 개선의 문제에 대해 세심하고 규칙적인 주의를 기울인다.

6. 직원모집 절차에 사용되는 양식
(주일학교 직원 표준 및 서약, 일리노이 시카고 무디교회)

주일학교 직원 표준서약 조문

나는 기독교 교육의 기본적 필요성을 깊이 인식하고 주일학교의 조직을 통해서 주님의 사업에 봉사할 수 있는 특권과 임무를 자각한다. 나는 다음과 같이 나의 책임과 의무를 충실히 수행해 나갈 것을 서약한다.

① 나는 예수 그리스도를 나의 구세주로 영접하고, 매일 그와 연합하여 생활한다. 내가 주일학교에 최선을 다해서 봉사할 수 있는 길을 하나님이 보여주심을 위해서 매일 기도한다.
② 나는 매 주일 출석한다. 만약 결석이 불가피한 경우에는 국장에게 빨리 연락한다.
③ 나는 모범의 중요성을 인식하고 모든 모임에 정시에 참석하고 주일학교에는 적어도 시작 10분 전에 도착한다.
④ 나는 주일학교 직원으로서 교회에 대한 책임을 느끼고 가능한 한 규칙적으로 그 봉사활동에 참여하며 교회 내의 주일학교 학

생 배가를 위해 노력한다.

⑤ 만약 나의 직책이 교사일 때도 나는 매 학과를 완벽하게 준비하고 학교 내에서 선행과 존경의 자세로 모범을 보인다.

⑥ 나는 하나님께 제시할 만한 특별한 이유가 없는 한 주일학교 직원으로서 모든 모임에 참석한다.

⑦ 나는 진실한 기독교인이 아닌 학생들의 구원을 위해 진지하게 기도하고 이들이 예수 그리스도를 구주로 받아들이도록 유도한다.

⑧ 나는 완전하고 정확한 기록을 유지하도록 노력한다.

⑨ 나는 나의 학생 확보를 위해 최선의 방법, 즉 방문, 전화, 편지 등을 통해서 접촉한다.

⑩ 나는 교회, 주일학교, 국, 나의 반을 의해 규칙적으로 기도한다. 그리고 학교 또는 국에서 제공되는 연합기도회에 참석한다.

7. 통제수단으로서의 연례보고

(기독교 교육 위원회의 보고, 기획협의회 교범, 캘리포니아 패서디나, 레이크에비뉴 조합교회 발행)

기독교 교육 위원회는 하나님의 크신 축복을 받아 금년 전반기 5개월 동안 많은 수업을 수행했습니다. 이 활동의 대부분은 다음 보고서에 나타나 있습니다.

① 청년부 목사

② 파이어니어 걸스(Pioneer Girls)

③ 보이 스카우트(Boy Scouts)
④ 주일학교
⑤ 기독청년회
⑥ 선교협의회

위원회는 위의 활동을 통합하기 위한 노력을 해왔습니다. 후반기 계획은 주일학교 소풍, 가을 종교개혁대회를 추진할 예정입니다.

도서관 및 시청각 교육의 효과적인 선교는 교육봉사에서 중요한 영역을 차지하게 되었습니다. 우리의 현 자산은 2,000권에 달하며, 성경공부를 위한 완벽한 목록도 갖추고 있습니다.

이는 도서관 직원이 일주일에 여러 번씩 작업을 해서 준비한 결과입니다. 금년 첫 4개월 동안의 사용실적은 상당히 높은 숫자입니다. 990개 항목이 점검되었으며, 이중 142개 항목이 학과에 해당되는 책자이고, 매월 평균 250권이 대출되었습니다. 80권을 구입했고, 36권은 기증받았습니다. 1월 1일부터 4월 9일까지의 기간 중에 서적 구입비로 75.62달러를 소비했습니다.

시청각 교육자료 60여 점을 제작하고, 70여 점의 교보재를 확보, 현재 2,000여 점이 정리되어 있으며, 3개의 플라넬 보도판, 주일학교를 위한 800~900개의 슬라이드 찬송가 및 이야기를 포함한 35개의 필름, 20개의 테이프, 카세트녹음기 1대, 그림(대형) 300장 보충, 소형 타자기 1대를 확보했습니다.

위원회는 본 교회의 파이어니어 걸스의 새로운 지도자를 맞을 때뿐 아니라 주일학교 부교장을 맞을 때 기쁘게 환영했습니다(캘리포니아, 패서디나, 레이크에비뉴 조합교회, 1956년 기획협의회 교범에서 발췌).

8. 결석자 조사 양식

(기록절차 서식, 캘리포니아 로스앤젤레스, 템플 침례교회)

결석자 기록(다음 주에 국 서기에게 제출)	
일자 :	
반 :	교사(그룹 지도자) :

2회 결석(전화)	
이름 :	전화 :
전화했는가? :	
알고 있는 내용 :	
기타 접촉 :	

3회 결석(방문)	
이름 :	전화 :
방문 일자 :	
얻은 내용 :	
기타 접촉 :	

신규 방문자(방문)	
이름 :	전화 :
주소 :	
얻은 내용 :	
기타 접촉 :	

메모

메모

메모